LETTRES DE GUERRE

DE

ROBERT DUBARLE

ROBERT DUBARLE

(En 1914).

LETTRES DE GUERRE

DE

ROBERT DUBARLE

CAPITAINE
AU 68ᵉ BATAILLON DE CHASSEURS ALPINS

Mort au Champ d'Honneur

Préface de Louis BARTHOU

PARIS

LIBRAIRIE ACADÉMIQUE

PERRIN ET Cⁱᵉ, LIBRAIRES-ÉDITEURS

35, QUAI DES GRANDS-AUGUSTINS, 35

1918

IL A ÉTÉ IMPRIMÉ

*20 exemplaires numérotés sur papier vergé pur fil
des Papeteries Lafuma*

PRÉFACE

Robert Dubarle, député de l'Isère pour l'arrondissement de Saint-Marcellin, a été, pendant quatre ans, de 1910 à 1914, au cours de son unique législature, mon collègue à la Chambre. A vrai dire, je l'y avais rencontré plutôt que je ne l'y avais connu. Des bavardages de couloir, des discussions de commission, des discours de tribune permettent de découvrir et d'apprécier les intelligences; ils ne révèlent pas les cœurs.

L'intelligence de Dubarle jaillissait de ses yeux clairs et francs, de sa conversation animée, riche d'idées et de faits, abondante et spirituelle. Il gagnait à être écouté. On sentait, rien qu'à l'entendre, ramassé dans un corps de petite taille, bâti en force et en énergie, une volonté dont n'était pas absente une certaine souplesse, ferme quant au but, conciliante sur les moyens, toujours d'ailleurs irréprochable et loyale. J'étais attiré vers lui par une vive sympathie. Son indépendance me plaisait. Condamné comme nous tous à être enregistré dans un parti, il n'en subissait pas la discipline comme une servitude. Il avait son programme, son originalité, sa physionomie propre. Il était et il savait être quelqu'un. Quand Dubarle arriva à la Chambre, à la suite d'une élection où la division de ses adversaires fit son succès, il n'avait que vingt-neuf ans, mais la maturité de son esprit, formé par des études variées et solides, dépassait son âge. Avant d'être député il avait beaucoup travaillé, beaucoup lu, beaucoup voyagé. Sa culture était très grande.

Lauréat de la Faculté de Grenoble, l'un des meilleurs centres intellectuels de province, où il avait successivement obtenu avec éclat le diplôme de licencié en droit et celui de licencié ès lettres, il était venu à Paris conquérir le doctorat en droit et la troisième place de secrétaire de la Conférence des avocats. Il connaissait l'Allemagne, l'Autriche-Hongrie, le Danemark, la Turquie, la Grèce, l'Égypte, l'Italie, les États-Unis, la Belgique et la Hollande, la partie londonienne de l'Angleterre. Robert Dubarle avait un réel talent de parole. Il donnait à ses idées une parure élégante, qui attestait ses études littéraires, et une sobre précision, qui affirmait la précoce logique de son esprit. Un jour que, stagiaire à Paris, il plaidait devant la cour d'assises, sa valeur frappa un éminent magistrat, capable de la bien juger, qui le fit appeler pour le féliciter. Inscrit d'abord au barreau de Grenoble, il transporta son inscription au barreau de Paris, en même temps qu'il venait remplir son mandat de député, en 1910.

Sa famille paternelle était originaire de la Brie et de Paris. Son grand-père, magistrat de carrière, et dont la carrière fut bien remplie, fut conseiller à la Cour de Paris, où sa maîtrise dans la présidence des débats d'assises, qui impliquait alors un rôle personnel, a laissé de durables souvenirs. Son père, substitut à Troyes, sacrifia, en 1880, au moment des décrets sur les congrégations, sa fonction à ses scrupules juridiques et à ses croyances religieuses.

La famille maternelle de Robert Dubarle se rattachait au Dauphiné et à la Provence. Elle était, elle aussi, de robe. Son arrière-grand-père, M. Charmeil, fut conseiller et président de Chambre à la Cour de Grenoble. Son grand-père, M. Cantel, d'une ancienne famille des Basses-Alpes, premier président à Bourges et conseiller à la Cour de cassation, fut remplacé d'office, en 1883, après la suppression de l'inamovibilité, à la première présidence de la Cour de Dijon, où il avait été nommé sur sa demande. Il eut aussi des oncles dans la magistrature. Ces antécédents suffisent à expliquer que Robert Dubarle, devenu député, ait défendu l'indépendance judiciaire contre des immixtions du dehors, vraies ou fausses, et contre des accusations qu'il tenait pour injustifiées. Je dois ajouter, pour donner à ses parentés ou à ses alliances tout leur prix, qu'il avait épousé Mlle Marbeau, fille d'un ancien camarade de son père dans les Mobiles de la Seine en 1870. Ainsi, il était le neveu de l'héroïque évêque qui s'illustra à Meaux, aux premiers jours de la guerre, par son attitude devant l'invasion.

Robert Dubarle, nommé par surprise comme républicain indépendant dans une circonscription radicale à tendances socialistes, subordonna son mandat à son devoir et son devoir à sa conscience. Aussi lui arriva-t-il de déconcerter parfois ses amis, qui ne comprenaient pas la sagesse de ses audaces, et d'être applaudi par ses adversaires, qui goûtaient, et peut-être exagéraient par tactique le plaisir d'entendre certaines de leurs idées exposées avec clarté par une éloquence distinguée et persuasive. Son talent lui fit rapidement une place. Ses voyages avaient développé en lui la passion de la politique étrangère : il fut membre de la commission des Affaires extérieures, où je pus, pendant ma courte présidence, apprécier sa compétence, sa modération, sa clairvoyance et son sûr instinct des intérêts français. Il parla utilement à la tribune, en 1912, contre l'accaparement des terres de Tunisie par de grosses sociétés financières au détriment des petits propriétaires français, et, en 1913, sur les traités entre la France et l'Espagne relativement au Maroc. Très versé dans l'économie politique et dans les questions agricoles, partisan du développement des libertés syndicales et des droits corporatifs, il prit, à plusieurs reprises, la défense de l'agriculture, dont il préconisait l'enseignement et les progrès par l'association. Enfin, frappé des abus qu'une politique sectaire, asservie à des rancunes personnelles et à des intérêts locaux, avait pratiqués dans l'arrondissement qu'il représentait, Robert Dubarle se prononça, à la tribune, dans un discours vigoureux et pressant, pour la réforme électorale par la Proportionnelle.

L'indépendance de leur député, même quand elle s'accompagne de serviabilité et de dévouement aux intérêts généraux, n'est pas toujours un titre à la confiance des électeurs. Le scrutin d'arrondissement exige des surenchères et entretient des clientèles hors desquelles il n'est pas de salut. Robert Dubarle en fit la cruelle épreuve en 1914. Quoiqu'il se déclarât partisan de la prédominance du pouvoir civil et du « respect de l'école nationale », quoiqu'il préconisât l'impôt sur le revenu, qu'il avait voté, comme une réforme de justice, il fut battu le 26 avril. Il ne faut par chercher ailleurs que dans son adhésion formelle, réfléchie, tenace, à la loi de trois ans la cause principale de son échec. J'ose dire, surtout à l'heure où j'écris, que c'est une cause honorable !

Robert Dubarle, sans être ébloui par les chimères du pacifisme, voulait la paix. Qui de nous ne la voulait? Mais les armements de l'Allemagne ne lui laissaient pas d'illusion. Aussi demandait-il que la France fût armée, forte et prête. De même il poursuivait avec une générosité singulièrement clairvoyante « l'action de tous les Français pour la grandeur de la patrie ». L'arrondissement de Saint-Marcellin condamna cette politique. Trois mois après, l'agression de l'Allemagne l'imposait.

Dépouillé de son mandat, l'ancien député revêtit son uniforme. Il aurait été, le cas échéant, de ceux qui ont su, dans ces années où se joue la vie de la France, concilier leur devoir militaire avec les obligations de leur mandat. Robert Dubarle avait fait son service aux chasseurs alpins en 1902 et 1903. La mobilisation l'affecta au gouvernement de Grenoble, où il fut l'officier d'ordonnance du général Pedoya. Cette affectation ne pouvait convenir ni à son âge ni à son patriotisme. Il avait l'âme d'un soldat, auquel le métier d'embusqué aurait répugné comme une bassesse et comme une désertion. En 1913, exactement un peu avant la guerre, il écrivait : « Que je puisse consacrer ma jeunesse à mon pays. Que je puisse lutter, servir, employer mes jours fugitifs à une tâche éternelle. » Il n'est pas de tâche plus glorieuse que la défense de la patrie menacée. En 1914, quand il fallut la défendre, Robert Dubarle était prêt. « L'heure est venue, disait-il, que je n'osais espérer, où chacun doit s'arracher à lui-même et vivre une vie nouvelle, silencieuse, héroïque. » Officier de réserve, il demanda à être envoyé sur le front. Il obtint, le 24 août, ce périlleux honneur, et il fut incorporé comme lieutenant dans un bataillon de chasseurs. Pendant dix mois, jusqu'au 15 juin 1915, où il tomba face à l'ennemi, il mena la vie « nouvelle, silencieuse et héroïque » qu'il avait rêvée. J'en sais peu qui soient plus dignes d'être données en exemple.

***

De trop rares contacts, au cours d'une législature commune, m'avaient fait apprécier chez Robert Dubarle la vivacité pénétrante d'une intelligence fortement nourrie et la séduction délicate d'un caractère charmant. J'ignorais son âme, supérieure à son intelligence, et qui donnait à son caractère son vrai prix. Il m'a fallu la guerre, et la vie militaire de Dubarle, et sa mort glorieuse, et toute la richesse de ses lettres du front, pour la connaître, pour l'estimer, pour l'admirer. Cette correspondance, dont j'ai la fierté reconnaissante d'avoir été le confident, révèle une variété exceptionnelle de dons, de qualités et de vertus : l'esprit et le courage, l'enjouement et l'endurance, la douceur et l'entrain, la clairvoyance et la patience, la résignation et l'élan, l'imagination et le sens pratique. Elle est poétique et réaliste, mesurée et confiante, mouillée de larmes et illuminée de sourires; elle plaisante et elle émeut. D'un mot, elle est française, et d'un vrai Français. Elle mérite d'être publiée tout entière. Peut-être le sera-t-elle : je le souhaite, et je m'y emploierai. En attendant, et avec le regret d'être condamné à choisir dans une aussi riche moisson, j'y glane, de-ci de-là, quelques extraits pour donner le ton, ou plutôt les tons, de l'homme, et pour servir d'introduction à l'hymne admirable *A la Patrie*, où l'âme généreuse et héroïque de Robert Dubarle se répand en magnifiques effusions.

En octobre 1914, il monte la garde, avec ses chasseurs, sur un sommet des Vosges, dans une villégiature que les Allemands troublent peu. Son existence est monotone. D'un coin de table branlante, pendant que des tranchées se construisent sous sa

surveillance, il écrit des lettres familières. Il
souhaite à une jeune fille de sa parenté la prochaine visite d'un Prince Charmant. « Lorsqu'on
est en guerre, avec de longues heures fiévreuses
d'attente au milieu du danger, et tout près de la
mort qui frappe à côté de vous et vous frappera
peut-être dans un instant, on devient un grand
philosophe. » Ce jour-là sa philosophie met de l'enjouement dans sa tristesse, quoiqu'il n'ait pas
grand' peine à prévoir une campagne d'hiver !

La tranquillité dure peu. Ce ne sont qu'attaques
et contre-attaques. Dans une rencontre une sentinelle allemande le vise, à quarante mètres, et le
manque : plus adroit ou plus heureux, il l'abat d'un
coup de fusil. Indifférent au danger, et fumant sa
pipe avec tranquillité au milieu des balles qui
sifflent, la mort de ses camarades ou de ses hommes
apitoie seule son âme sensible :

Un de mes amis, l'autre lieutenant de ma compagnie, a
été tué hier, à mes côtés. Nous étions partis ensemble une
demi-heure auparavant, au pas de gymnastique, vers un bois
où il y avait une vive action engagée. Avant de partir il
avait fait des recommandations à son ordonnance pour le
cas où il serait tué et je le plaisantais tout en courant, et
nous riions ensemble. Quelques instants après, il tombait à
mes côtés, la tête traversée. L'avant-veille j'avais également
été attaqué très violemment dans un petit poste où je me
trouvais seul avec ma section. Un de mes chasseurs a eu la
jambe brisée au début de l'action, j'entendais ses plaintes,
et impossible de sortir de mes positions où nous nous battions

un contre cinq sous une fusillade furieuse. Et le frère du
blessé était près de moi, qui tirait avec calme et sang-froid,
tout en pleurant. Tout cela, ma pauvre Charlotte, me fait
l'âme un peu lugubre. Enfin, comme consolation, les Allemands ont toujours été repoussés avec des pertes sensibles,
mais que d'horreurs la guerre amène avec elle !... Quand,
après le combat, je vois le corps d'un ami ou d'un de mes
chasseurs, patatras, c'est le déluge, et je me cache pour
pleurer dans un coin. Je crois que j'aimerais mieux être
frappé moi-même.

La tendresse que Robert Dubarle porte à ses
hommes n'exclut pas le sentiment et la pratique de
la discipline. Il est un chef, également attaché,
comme il convient à un chef véritable, à ses devoirs
et à ses droits :

Il est bon que, de temps en temps, l'officier, surtout
quand, aux avant-postes, il mène la même vie que ses soldats, se mêle un peu à ses hommes, apprenne à les connaître, pénètre dans leurs existences, s'intéresse à ce qui les
intéresse. Il y a un bénéfice pour le chef en contact plus
intime avec ses hommes, en même temps qu'il peut d'un mot
rectifier une idée ou réfuter une erreur. Mais il est évident
que le chef ne doit jamais, par une camaraderie déplacée,
amoindrir son autorité. Chacun m'obéit sans broncher parce
que chacun sait que je ne répète pas deux fois un ordre et
qu'il faut m'obéir sans murmurer. Jamais je ne crie ni ne
punis. C'est complètement inutile pour faire subir son
ascendant, et ma section est certainement la plus disciplinée
de la compagnie. Il fait aujourd'hui un temps délicieux,
frais, doux, voilé. Que l'automne est donc exquis dans ces
montagnes, et comme cette température charmante et ce
délicat soleil sur les forêts vertes et rouges semblent le contraire des sauvageries de la guerre... (0 novembre.)

On lui obéit aussi parce qu'il donne l'exemple et ne boude pas à la tâche. Il paie de sa personne. Le 19 novembre, il est cité à l'ordre du corps d'armée pour avoir « fait preuve de beaucoup d'énergie, de sang-froid et d'initiative » dans les récents engagements. Cette belle citation ajoute que le lieutenant Dubarle « a été pour ses hommes un vivant exemple de courage et d'impassibilité sous le feu ».

Il y a un philosophe dans ce héros, et aussi un observateur. Il regarde autour de lui les tableaux charmants que la vie alsacienne lui offre et, d'une plume aisée, il les dépeint pour le plaisir de sa famille à laquelle on sent que ce lui est une distraction d'écrire. Au milieu de tant de pages ravissantes, j'en prends une où son âme se révèle, mélancolique et enjouée.

23 novembre 1914.

A la ferme où je vous écris, il y a deux chiens. L'un, doux et poli, du nom de Turco, qui caresse tout le monde et reçoit force flatteries et bons morceaux. L'autre est une chienne du nom de Maidie, hargneuse pour les étrangers, mais d'une fidélité passionnée à ses maîtres. Elle ne quitte pas le seuil de la chambre de la fermière et lui prodigue toutes les marques d'une affection délirante. Eh bien ! c'est la vie. Ceux qui, comme l'aimable Turco, ont une âme banale, superficielle et complaisante, sont aimés et comblés ; ceux qui au contraire, comme la jalouse et trop fidèle Maidie, aiment trop les uns et pas assez les autres, qui ont une âme exclusive et brûlante, sont repoussés et malmenés. Avouez que ma petite philosophie, à propos de ces deux bêtes, est hélas! tristement vraie. Décidément, il n'y a que les médiocres, souriants, affables, acceptant les caresses du premier venu, qui réussissent. Pourtant il vaut mieux moins bien réussir, et savoir adorer les uns et haïr les autres.

A sa belle-sœur il adresse, sur les devoirs de la femme et de la jeune fille en temps de guerre, une lettre admirable, délicate et profonde, que j'aurais citée en entier si elle n'avait pas déjà paru ailleurs. Un extrait suffira à en donner le ton : « Soyez partout calmes et gaies. Si vous êtes inquiètes, ne le dites pas. Si vous êtes tristes, sachez paraître joyeuses. Si un chagrin vous accable, au-dessus de votre angoisse mettez votre volonté patriotique. »

La fin de l'année trouve Robert Dubarle « les pieds dans l'eau, mouillé comme un rat, sale à faire peur, et tout grelottant ». Cette vie rigoureuse des tranchées n'altère pas sa bonne humeur et sa confiance. Il affecte même, en attendant des caramels mous qu'on lui a promis, et qui lui mettent l'eau à la bouche, d'exagérer à la fois sa gourmandise et sa gaieté.

Il ne perd pas une occasion de donner à ceux de l'arrière les conseils qui conviennent à leur situation et à leur âge. Il se met, avec quelle grâce aisée et délicate! à la portée de tous. Il a un beau-frère, âgé de quatorze ans, qu'il aime d'une affection fraternelle pour sa vivacité charmante. Deux lettres qu'il en a reçues, et dont il a été ravi, lui sont l'occasion de développer un de ces petits « sermons » dans lesquels il excelle. Je ne saurais mieux faire que de le donner en entier.

Votre 18 en géographie est superbe, surtout à une heure où tant de Français, et ceux qui vous touchent de si près, se battent pour modifier un peu cette géographie de l'Europe et la mettre d'accord avec la Justice et la Liberté qui depuis quarante-quatre ans en étaient exclues. Puissiez-vous d'ici quelques mois avoir à apprendre de belles choses nouvelles et à dessiner des cartes où vous retracerez de vous-même, avec vos mains de bon écolier studieux, les efforts et les sacrifices de vos aînés.

Vous traversez une grande période de l'histoire, mon cher Pierre. Si vous n'avez pas à y jouer un rôle actif, au moins pouvez-vous y participer avec tout votre cœur de bon petit Français et vous préparer pour l'avenir à continuer et à défendre l'œuvre de ceux qui se battent aujourd'hui. La guerre actuelle vous impose des devoirs nouveaux de travail, de sagesse et de volonté laborieuse et obéissante. Il faut qu'il y ait à l'heure actuelle en France des millions de jeunes garçons, bientôt des hommes, qui s'appliquent à devenir les meilleurs possible, et à exalter leur âme, à mieux aimer encore leur patrie, à la servir avec une abnégation et une fidélité constantes. Ce n'est qu'à cette condition que le sacrifice de tant de vivants et de tant de morts pourra être fécond. Nous autres soldats, nous sommes comme des laboureurs qui, avec le fer de la charrue, tracent un sillon dans un champ, et nous avons le grand honneur de risquer notre vie à cette tâche, parfois douloureuse. C'est votre génération qui aura à ensemencer ce sillon arrosé de tant de sang, et à y faire germer une si belle moisson que les ruines et les tombes en soient bientôt recouvertes et que tous ceux qui luttent aujourd'hui puissent se dire un jour : nos fatigues, nos blessures, notre mort même n'ont pas été inutiles. Faites donc provision abondante de bon grain, en travaillant, en étudiant et aussi en améliorant votre cœur. Bientôt, dans quatre ou cinq ans, quand vous serez un homme, vous aurez à l'employer. Je vous écris des avant-postes, au milieu des bois. Aujourd'hui nous nous sommes battus, un caporal de ma section a été tué. C'était un paysan de la Haute-Loire, père de quatre enfants ; c'était aussi le soldat le plus courageux et le plus discipliné qui fut. Il était très pauvre, avait une nombreuse famille et pourtant chaque jour, modestement, silencieusement, il accomplissait son devoir et bravait la mort ; je le vois encore, tandis que je vous écris, me regardant avec de bons yeux fidèles et doux, exécutant mes ordres sans broncher. Il était parti comme volontaire, pour une patrouille assez dangereuse, et quelques instants après je ramassais moi-même son corps étendu dans la neige. — C'est un grand exemple que vous donne de loin ce modeste paysan de la Haute-Loire, à vous qui êtes heureux et que la vie a comblé. — J'ai le cœur profondément bouleversé d'avoir vu tomber ce brave petit Français, je l'aimais beaucoup ; souvent, son courage patient et tranquille m'avait réconforté, et je le prenais moi-même en exemple. Vous ne le connaissiez pas ; mais je vous envoie quand même cette image d'un inconnu comme un modèle. Pensez à lui, mon cher Pierre, comme à tant d'autres, morts également pour leur patrie. Vous, vous devez vivre pour elle ; ces grandes pensées un peu austères doivent être constamment présentes à votre esprit et vous faire comprendre que, même pour un petit garçon de quatorze ans, il y a aujourd'hui un noble devoir à connaître et à pratiquer. (18 janvier 1915.)

N'est-ce pas un petit chef-d'œuvre de délicatesse, de sensibilité, d'émotion, écrit dans la boue, dans le froid, dans la neige, au milieu des balles qui

sifflent et des obus qui éclatent? Robert Dubarle
fait fonction de capitaine, ayant la charge de
défendre un sommet que les Boches convoitent.
Quand finira la guerre? Autour de lui on se pose
la question avec l'anxiété que donnent les fatigues,
les souffrances et les dangers. Il avoue qu'il se la
pose aussi, mais il y répond par le vieux proverbe
français : « Fais ce que dois, advienne que pourra »,
et il se consacre tout entier à sa tâche. La poésie
des choses le pénètre, il en imprègne ses yeux,
son esprit, son cœur. « Les nuits sont splendides.
Je viens de rentrer d'une ronde d'avant-postes. Tout
autour de moi, les vallons et les sommets des
Vosges se détachaient dans la nuit claire; les
arbres, chargés de neige et immobiles, se dressaient comme d'énormes bouquets ; j'allais seul
avec deux chasseurs à travers l'étendue silencieuse
et immaculée, et c'était si blanc, si pur, si calme,
que j'en oubliais la guerre ! Deux ou trois coups
de fusil et des balles qui sifflent à mes oreilles m'ont
vite rappelé à la réalité et à la nécessité de se
cacher... » (31 janvier.)

Le 6 février, Robert Dubarle est nommé capitaine. Le 7 il est cité avec toute sa compagnie à
l'ordre de la division pour « avoir réussi à créer
en quarante-huit heures, à proximité immédiate
de l'ennemi, une organisation défensive remarquable », et le général se dit « heureux de lui

renouveler par la voie de l'ordre les félicitations qu'il lui a déjà adressées sur le terrain ».

Il s'en faut que sa vie soit une sinécure. Elle se déroule au milieu des alertes et des fusillades qui n'épargnent pas sa compagnie.

Savez-vous qu'il est actuellement une heure du matin, et qu'ainsi je commence avec vous cette nouvelle journée ? Je suis assis sur un bout de banc et je veille, tandis que la nuit s'écoule, que mes chasseurs montent la garde ou ronflent comme des toupies, et que dehors, dans une affreuse nuit de pluie ou de vent, retentit sur ma droite la plus enragée fusillade. Que sortira-t-il de ce bruit qui remplit les ténèbres ? L'attaque qui se déroule à quelques cents mètres de mon poste, de l'autre côté d'un profond ravin, va-t-elle s'étendre jusqu'à moi, ou continuerai-je une nuit paisible, au milieu de ce fracas qui fait rage, et tandis que si près de moi d'autres hommes combattent et meurent ? Cette question, je suis obligé de me la poser souvent avec un peu d'angoisse. Et c'est ce qui donne à notre vie si monotone, si lente, sa grandeur et son émoi, puisque chaque minute passe ainsi entre le devoir qui pèse sur nous et le péril mortel qui ne cesse de rôder autour de nous, parmi ces bois.

Attentif aux besoins de ses hommes, à leurs fatigues, à leurs préoccupations, à leurs dangers, le capitaine Dubarle ne cesse de dire les sentiments de gratitude qu'il leur a voués.

Il y a des heures où je suis en admiration devant mes braves chasseurs si doux, si patients, et qu'un mot d'affection, une attention de leur chef réconforte et ravit. Et que de douleurs vraiment déchirantes dans ces humbles vies !

L'autre jour, le soir venu, je rentre dans un abri que mes hommes avaient construit dans la journée pour y passer la nuit ; mon ordonnance m'apporte mon dîner ; les chasseurs tirent le leur de leur sac, et en avant les mâchoires, au fond de notre souterrain, où l'eau coulait du toit et le long des murs, ce qui n'empêchait ni les rires, ni l'appétit. Seul, juste à mon côté, un chasseur restait silencieux et sans manger. « Eh bien, chasseur, lui dis-je, vous ne mangez pas ? — Je n'ai pas faim, mon capitaine, et il soupire profondément. — Allons, qu'est-ce qui ne va pas ? » Alors il tourne vers moi une grosse face barbue, désolée, pleine de larmes. « Ma femme est morte il y a huit jours, et j'ai deux petits, sans personne pour s'occuper d'eux. » Que répondre à une pareille détresse ? J'en étais bouleversé ; j'ai essayé de le réconforter, je l'ai obligé à manger avec moi ; le lendemain j'ai écrit au maire du Puy, ville où se trouvent ces deux pauvres orphelins.

Hier soir, fusillade intense ; je file dans la nuit commençante, tout le long de ma ligne de tranchées, voir si chacun est à son poste, et donner des ordres. J'entends un pas précipité derrière moi ; c'était le chasseur en question sur mes talons. « Qu'est-ce que vous faites là, lui dis-je brusquement ; votre section est de réserve, rentrez à l'abri. » Il me répond : « C'est justement, mon capitaine ; comme la section est de réserve, j'ai pensé que je pouvais aller avec vous, au cas où il vous arriverait quelque chose. » N'est-ce pas touchant ? Il pouvait rester abrité avec sa section, et sans ordre il partait avec moi, s'exposait au danger comme pour veiller sur moi et me montrer sa reconnaissance du peu que j'avais fait pour lui.

Quand je me sens découragé par cette longue guerre, ou fatigué, je n'ai qu'à regarder ces braves gens, résolus et silencieux, et j'ai presque honte de moi devant leur calme, leur patience et leur dévouement.

S'il y a un philosophe dans ce héros, il y a aussi un poète. Condamné à choisir, je cite ce court billet où toute sa grâce délicate fleurit :

Il a fait ces jours-ci un temps délicieux, un premier printemps doux et charmant qui semblait monter en hésitant du fond des plaines jusqu'à nos forêts. Ces premiers jours de soleil, de chaleur, sont un véritable délice, mais ils portent avec eux tant de mollesse et d'alanguissement qu'ils ôtent tout courage ; il serait si bon de se reposer, de s'unir à cette joie de la nature ressuscitée, au lieu de vivre dans la fièvre et dans l'attente. Il y a eu surtout deux ou trois crépuscules, tièdes, nuancés et délicats qui étaient un véritable enchantement. Et pendant ce temps, durant une accalmie, tout à coup les Boches nous lancent une vingtaine d'obus ; pan pan pan, ils tombaient les uns sur les autres avec un bruit de tonnerre, et je me demande comment j'ai échappé à leurs éclats. Cette brusque irruption de la mort, cette terrible mitraille inattendue, les arbres brisés, les hommes blessés et qui appellent, tandis que la nuit tombe lentement d'un ciel encore enflammé par le couchant : quel contraste vraiment pathétique entre la nature embaumée et maternelle et la guerre sanglante et meurtrière...

Cette mort qui le frôle, en attendant qu'elle le frappe, comme une bête fauve guette sa proie et choisit son heure, s'abat, le 4 mars, à l'autre ligne du front, près de Notre-Dame-de-Lorette, sur son frère, le capitaine André Dubarle. Celui-ci, l'aîné, était, comme son cadet, un soldat admirable. En six semaines, il avait été cité quatre fois à l'ordre de l'armée et décoré. Atteint au milieu de septembre de cinq blessures, auxquelles il avait miraculeusement échappé, Il était revenu au front, à peine rétabli, sans même vouloir profiter de son congé de convalescence. Il était tombé, à la tête de sa

compagnie, en enlevant une tranchée allemande.
Les deux frères, dont les joies et hélas ! les douleurs avaient mêlé les âmes, s'adoraient. La mort
d'André fut pour Robert un coup terrible. Des
lettres que j'ai sous les yeux, et auxquelles le respect de la vie intime m'interdit de faire des emprunts, exhalent les cris émouvants d'une tendresse déchirée qui souffre horriblement. Pourtant,
soldat et Français, le jeune capitaine se raidit sous
le destin. Il sent avec plus de force la fragilité de la vie
et la grandeur de l'idéal pour lequel l'armée combat.

La guerre, acceptée et poursuivie au nom de
cet idéal dont seule la noblesse fait la vie du pays,
fauche autour de Robert Dubarle des existences
qui lui sont chères. Son lieutenant en premier,
M. Massiou, ingénieur à Paris, dont la nature délicate et silencieuse l'avait séduit, tombe au cours
d'une reconnaissance. Au risque de sa vie, le capitaine Dubarle va le chercher. Sur les quatre chasseurs qu'il a emmenés avec lui, trois s'affaissent.
Aidé du quatrième, il réussit à rapporter le corps
de son ami, dont il recueille les dernières paroles
et dont il peut adoucir la mort héroïque.

Quelques jours après, Dubarle perd un de ses
chasseurs pour lequel il avait une affection particulière. Toute la tendresse de son âme, compatissante aux humbles, s'exprime dans les regrets que
cette mort lui cause :

C'était un engagé volontaire de cinquante-deux ans. Il était terrassier à Épernay et, dès la guerre déclarée, s'était engagé. Blessé une fois déjà, il avait été versé depuis six semaines à ma compagnie. Il était bavard, parfaitement ivrogne, mais d'un courage intrépide, dévoué et fidèle comme un bon gros chien. Il a été foudroyé presque à mes côtés d'une balle dans la tête. Ce sont de grands exemples que vous laissent ces humbles, qui sacrifient sans compter leur vie à leur pays et acceptent en riant les privations et les fatigues de la guerre. Voilà encore une image que je vous envoie, celle de cet ouvrier hirsute, grisonnant, qui s'est engagé pour défendre son pays et est mort pour lui. De ces modestes et héroïques vertus, que nul ne connaît, que ne soulignent ni citation, ni récompense, se dégage une si haute leçon de courage et de résignation, que nous devons la méditer et en être réconfortés. Si notre sort nous paraît trop dur et que nous soyons tentés d'en murmurer, songeons à ceux qui souffrent plus que nous et ne se plaignent pas, à ces obscures et silencieuses victimes dont le sang baigne depuis des mois le sol de notre Patrie et en fera germer le salut et la victoire.

Au moment où il écrivait, le 11 avril 1915, cette belle lettre, Robert Dubarle ignorait que, la veille, un nouveau malheur de famille l'avait frappé. Son beau-frère, le commandant Chanzy, neveu du général illustre, avait été tué au bois de Mort-Mare. C'était une nature loyale et un haut caractère, auxquels l'intrigue et la bassesse étaient inconnus. Cette mort émut profondément le capitaine Dubarle, mais il ne se laissa pas abattre. Tout au contraire, il puisa dans cette série de malheurs une force nouvelle pour aller jusqu'au bout de sa tâche. « Dans la douleur qui me déchire, écrivait-il, je reste plein de résolution et de courage, désirant ardemment vivre pour tous ces orphelins qui ont tant besoin de moi, mais désirant plus ardemment encore faire mon devoir et servir mon pays. » Et encore : « Je n'ai pas à songer à l'avenir, mais à remplir ma tâche et à imiter le magnifique exemple que m'ont laissé ceux qui viennent, si près de moi, de mourir pour leur pays ».

Cette tâche et ce devoir, le capitaine Dubarle les remplit de telle sorte que la croix de la Légion d'honneur lui fut décernée dans les termes suivants :

Depuis le début de la campagne s'est toujours montré un chef énergique et avisé. A la prise d'une position ennemie très escarpée et couverte de neige, s'est particulièrement distingué en entraînant sa compagnie à l'assaut. A été d'un secours précieux pour le commandant du bataillon en prenant le commandement de plusieurs fractions dont les chefs avaient été tués ou blessés et a ainsi contribué à la réussite de l'assaut et de la poursuite.

Cette distinction, si amplement méritée, donna au capitaine Dubarle l'occasion d'écrire à une de ses parentes, qui l'en avait félicité, une lettre dont toute suppression dénaturerait le caractère :

Vous avez partagé avec votre habituelle et tendre bonté mes joies comme mes peines. Cette décoration a été pour moi la récompense, que je juge presque excessive, de ce que j'ai pu faire depuis huit mois. Elle a été surtout pour les miens un adoucissement à leur douleur. Il me semble que mon cher frère ait voulu ainsi me confier le soin de porter à sa place ce ruban rouge qu'il avait conquis avec un si magnifique héroïsme et que la mort est venue si vite lui enlever. C'est un lien de plus entre sa chère et glorieuse mémoire et moi-même, qui continue dans l'effort et la peine l'œuvre qu'il m'a laissée.

Depuis le retour des beaux jours nous n'avons eu guère de répit, attaquant, organisant le terrain conquis, attaquant de nouveau, marchant ainsi pied à pied avec le fusil, puis avec la pioche. Puissent tant de sacrifices être utiles à notre Patrie !

Si vraiment j'ai pu modestement et avec toute ma bonne volonté servir efficacement la grande cause qui nous appelle ici, ce sera dans ma vie si éprouvée une douceur et un peu de lumière. On sent si bien durant ces mois passés dans la lutte et près de la mort le peu qu'on est soi-même, combien nos désirs, nos joies, nos regrets, qui nous semblaient immenses jadis, sont quelque chose de fragile et d'éphémère, et qu'il n'y a dans la vie de vraie grandeur et de vraie joie qu'à se donner tout entier, jusqu'au sacrifice absolu, à un noble idéal.

La guerre m'a tracé mon devoir, et que d'immolations elle m'a déjà imposées ! Mais dans l'avenir, si je reviens, ce sera une grande paix pour ma nature, peut-être trop ardente et trop inquiète, que de songer à ce devoir accompli, et que j'ai pu défendre utilement ma Patrie.

Ma décoration m'a été remise, il y a quelques jours, sur le terrain même de mes avant-postes, à cent mètres en arrière des tranchées qu'occupe ma compagnie.

Une compagnie de réserve formait le carré. Comme il n'y avait ni tambours, ni clairons, deux feux de salve ont remplacé le traditionnel : « Ouvrez le ban. Fermez le ban ». Le général m'a sacré chevalier en me frappant l'épaule avec sa canne, car personne dans cette guerre ne porte de sabre.

A quelques pas, les coups de feu des sentinelles déchiraient l'air et les deux artilleries qui se canonnaient mêlaient leurs obus qui passaient en sifflant au-dessus de nos têtes. Il faisait un temps superbe et rien ne pouvait être plus simple, plus militaire, plus émouvant. Nous étions tous très vivement impressionnés. A côté de moi il y avait un sergent du 28e que l'on décorait de la médaille militaire, un homme de quarante-quatre ans, petit employé à Grenoble, engagé pour la durée de la guerre, modèle admirable de discipline et d'héroïsme. Ce brave garçon, au garde à vous devant son général, tremblait de tous ses membres, et pleurait de joie en recevant son ruban. Je continue à très bien aller et à supporter sans fatigue les épreuves de la campagne. Mais que nos rangs s'éclaircissent...

Les jours qui suivirent furent particulièrement agités. Il y eut, les 27 et 28 mai, un bombardement allemand d'une intensité effroyable. A un certain moment, il tombait en moyenne quarante obus par minute sur un espace de cent quarante mètres. Légèrement blessé par un éclat en soutenant l'attaque d'une position ennemie, Robert Dubarle fut cité à l'ordre du bataillon. Quatre fois cité, chevalier de la Légion d'honneur et capitaine, il n'avait plus à envier à son frère aîné que sa mort héroïque. L'heure en approchait.

Le 2 mai 1915, il écrivait : « Je ne me cache pas combien mon état est incertain. L'officier qui veut remplir son devoir, être à la tête de ses hommes, doit fatalement tomber un jour ou l'autre, d'autant plus que ce sont toujours ceux-là qui sont chargés des missions périlleuses. Je le vois bien par moi-même... »

Quelques jours après, il envisageait son destin avec une tranquillité d'esprit qui ressemble à un sacrifice. « Je me réjouis, disait-il à sa femme, d'avoir eu le courage de n'être pas un embusqué et j'entends continuer jusqu'au bout. La guerre est chose légère et facile, et la mort, malgré le déchirement des miens, me fait moins peur que jamais. Les Boches peuvent venir, je resterai en première ligne en face d'eux jusqu'au bout. Sachons faire notre devoir tout entier. Nous sommes à ces heures de la vie où l'on a le glorieux privilège de se sacrifier volontairement, joyeusement. Montrons-nous-en dignes. »

Le 14 juin, à la veille d'une attaque, il écrivait sa dernière lettre : « Cette attaque de demain, à côté de l'inévitable émotion, me donne une sorte de joyeuse impatience et la fierté de faire mon devoir... »

« Combattre dans l'allégresse et mourir dans la victoire ».

Comment le capitaine Robert Dubarle mourut, sur les hauteurs de Metzeral en Alsace, le 15 juin 1915, sa cinquième citation le dit en des termes dont la sobriété militaire rend tout commentaire inutile :

Officier aussi valeureux que téméraire, déjà décoré sur le champ de bataille pour sa brillante conduite ; est mort en faisant le geste du chef dont il avait toute la grandeur d'âme, entraînant avec un absolu mépris du danger sa compagnie à l'assaut d'une position ennemie fortement défendue, au cri de : « En avant, pour la France ».

La décision qui donna son nom au camp de la cote 700 rappelait qu'il avait été « un modèle d'énergie et de force morale ». Son colonel l'avait appelé le Bayard du 68ᵉ. Le capitaine Dubarle riait de cette appellation, dont sa modestie s'accommodait mal, mais des lettres de ses camarades, que j'ai lues avec admiration, attestaient par leur émotion et par la piété de leurs regrets que le bataillon tout entier s'associait, sans le trouver excessif, à l'éloge du colonel.

La douloureuse et magnifique invocation *A la Patrie* qui suit ces pages faisait partie d'un des carnets de campagne trouvés dans la cantine du courageux capitaine. Dubarle avait, depuis longtemps, l'habitude d'écrire et de confier à des cahiers intimes des impressions dont, en lettré fervent et attentif, il surveillait et soignait amoureusement la forme. Il aimait la forme dialoguée, qui se prête aux délicatesses de la pensée et aux nuances du sentiment. Je ne sais pas dans quelle mesure la foi de Robert Dubarle s'accordait avec les doctrines menaisiennes, mais je suis sûr que les *Paroles d'un Croyant* avaient exercé une profonde influence, au moins pour la façon d'écrire, sur cette âme qui à l'image de l'autre, se disait elle-même « trop ardente et trop inquiète ». Ses paragraphes, comme ceux des *Paroles d'un Croyant*, ressemblaient à des versets.

La réflexion, le retour sur lui-même, l'analyse méthodique de sa vie intérieure et l'observation pénétrante de la vie extérieure avaient habitué Robert Dubarle à l'idée de la souffrance et de la mort. La pensée de la mort domine tous les écrits, émouvants et souvent d'une étrange beauté, où son âme se répandait au cours des années qui précédèrent son élection à la Chambre des députés. J'ai lu ses *Paroles des Vivants et des Morts* et ses *Dialogues avec la Douleur*. Je souhaite qu'on les publie : ils ajouteront à sa gloire. Ils sont une prédestination. Robert Dubarle, avant d'être soldat, s'était accoutumé, au milieu des deuils cruels qui assombrirent sa vie, à regarder la mort en face. Il en avait l'obsession, mais il n'en avait pas la peur. Ferme dans son devoir, incapable d'une défaillance, plus sévère pour lui que pour les autres, mais pénétré des nécessités et des vertus de la discipline, il savait le prix exemplaire du dévouement et la grandeur contagieuse du sacrifice. Il est tombé, volontairement, pour une juste cause. Quand cette cause, qui est celle de la France et du droit humain, prévaudra, le nom de Robert Dubarle rayonnera au premier rang de ceux qui l'auront le mieux servie.

Louis Barthou.

AVANT-PROPOS

Nous avons joint aux lettres de guerre de Robert Dubarle deux notes extraites de ses papiers intimes, l'une rédigée au cours de sa vingtième année en 1901, à Grenoble, le jour de son tirage au sort, l'autre en 1908, lors d'une visite qu'il fit à Potsdam.

Bien que ces notes soient antérieures à la mobilisation, de six et même de treize années, nous avons cru devoir les reproduire parce qu'elles révèlent l'élan patriotique et l'ardeur enthousiaste qui animaient ce noble cœur. L'épreuve de la guerre le trouva prêt.

Nous avons fait suivre ces fragments de quelques extraits de lettres écrites par lui au cours d'un voyage qu'il fit dans cette même année 1908. Elles montrent la finesse d'analyse avec laquelle il avait su juger le caractère allemand. Elles précisent qu'il ne se faisait pas d'illusions sur la force de l'Allemagne et les périls qui menaçaient la France.

Ainsi apparaîtra la magnifique unité de cette vie

qu'inspire, dirige et illumine un ardent amour de son pays.

Conscrit de 1901, Robert Dubarle entrevoit dans des rêves de bataille et de gloire les sacrifices que la Patrie lui demandera et il les accepte d'un cœur ferme.

A Potsdam en 1908, il frémit de douleur et de colère à la vue des drapeaux français prisonniers.

En 1914, le canon de Charleroi et de la Marne lui inspire les strophes enflammées de ses hymnes.

En 1915, il donne sa vie à la France.

TIRAGE AU SORT

1er février 1901.

J'ai tiré au sort et j'écris la poitrine couverte d'une vaste cocarde tricolore à glands d'or et d'un vaste numéro 99, que j'ai sorti de l'urne.

Je me sens tout fier et une plume de la gloire semble être tombée dans ma chambre et s'être piquée sur mon cœur au milieu de ma cocarde à quinze sous.

Je suis conscrit! Et cela me grandit. Je suis conscrit! Et je marche d'un pas fier, je lève le front. J'ai chanté une chanson très banale d'une voix très forte ce matin devant la Mairie, au milieu de camarades inconnus, non moins glorieux et non moins empanachés que moi.

Tout ceci serait risible peut-être si cela ne provenait d'un grand sentiment de patriotisme et d'enthousiasme.

Conscrit! On se sent arrivé à l'âge de la virilité; sorti de l'enfance faible on entre dans une forte adolescence, et un peu de gloire chante dans nos cœurs de vingt ans puisque devant nos yeux défilent les rêves de bataille et les horizons sublimes où l'on meurt pour une idée.

En attendant nous sommes allés dans le petit village de Gières, à un banquet démocratique, patriotique, à 2 francs par tête.

Ce fut tout à fait magnifique.

Arrivés à la gare, nous nous formons en rangs, et drapeaux en tête, nous parcourons les rues stupéfaites en chantant à tue-tête :

> Les voici, les voilà
> Les conscrits, les conscrits.
> Les voici, les voilà
> Les conscrits grenoblois.

Comme poésie ce n'est pas de première force. Mais l'air, mais la voix, mais la conviction !

J'étais le premier, et l'emballement, la fierté me faisaient sortir du gosier des notes inoubliables, tandis que j'agitais ma cocarde comme un cheval empanaché.

Arrivée solennelle au restaurant, une petite guinguette de famille. On salue l'hôtelier, on acclame l'hôtelière, on envoie des baisers aux filles. La galanterie française !

Et le repas commence. Quel festin ! immense, énorme, homérique, pantagruélique. Cet amoncellement d'épithètes reste loin de l'amoncellement des mets qu'il nous fallut avaler : Saucisses, jambons, gibelottes, matelotes, rôtis, fritures, gratins, salades, fruits, gâteaux, café, pousse-café,

sur-pousse-café, rien n'y manqua. Nous mîmes trois
heures à avaler tout cela, et c'était peu. Le dîner
fut agrémenté de farces innocentes, de chansons
un peu moins innocentes, de harangues enflammées, et à 4 heures nous voilà partis pour la gloire
dans un nouveau défilé plus empanaché et mille
fois plus tonitruant que celui du matin.

Tout Gières était aux portes, les filles aux fenêtres, les petits garçons à nos trousses. Nous étions
cinquante et nous faisions du bruit pour cent. Enfin
après des adieux touchants à nos hôtes et surtout
à nos hôtesses, nous prenons le tramway et nous
tombons sur une troupe à chapeaux pointus, avec
cocardes, ceintures, rubans, tambourins. C'étaient
d'autres conscrits. Alors ce fut du délire, et la paisible vallée s'endormit dans la nuit, bercée par la
peu mélodieuse, mais très patriotique harmonie
de nos hurlements.

A songer à tout cela un sourire me vient aux
lèvres et beaucoup de joie me va au cœur. Cette
franche gaieté, cette joie de la jeunesse en face du
rude devoir militaire, ce frisson d'enthousiasme
qui secoua nos âmes, tout cela m'a fait du bien.
Derrière la réalité un peu grossière de ce festin
et de ces défilés palpite une idée, l'idée de patrie,
pleine d'abnégation et de grands sacrifices, pleine
aussi d'espoirs et d'héroïsme. La beauté du dévouement me transporte tandis que je songe qu'un
jour peut-être il me faudra partir dans le froid et la
nuit pour défendre mon pays et tomber en com-

battant frappé d'une balle ignorée, et toute mon âme s'élance vers le pays des rêves.

Je me vois l'arme au bras
Petit pioupiou
D'un sou.

Grandi par l'idée de la lutte et de la souffrance, je ne songe plus à ce que ces tueries peuvent avoir d'horrible et je me grise du spectacle de tous ces êtres qui sereins et confiants se tournent vers la mort, de tous ces héros ensevelis dans l'oubli, sous une pelletée de terre, mais dont les tombes doivent se fleurir de fleurs surnaturelles, puisqu'ils sont tombés dans leur rêve.

Ma chambre s'emplit de visions : Ce sont les soirs épiques où un grand frisson secoue le pays, et où la gloire baignée de clarté fait d'un coup d'aile surgir tous les courages et toutes les volontés en face de l'ennemi qui avance. Ce sont les après-midi lourds, pleins de clameurs et de furie, où la mort fauche la moisson rouge des vies et où escadrons qui chargent, bataillons qui s'élancent, artillerie qui hurle, tous tombent souriant, et morts sont enterrés très doucement dans leur rêve par les mains de la Patrie en pleurs. Ce sont les nuits qui, versant sur le carnage interrompu, leur tranquillité et leur paix, d'un doigt maternel endorment la douleur dans le silence, elles ouvrent les voûtes bleues du firmament qu'habite le repos à ces âmes qui, dans leur héroïsme, ont préféré un idéal éternel à une vie passagère. Et c'est l'aube souriante, qui sème sur les cadavres raidis, sur les yeux clos et les faces héroïques sa rosée et les parfums de ses fleurs.

Jamais je n'ai mieux compris le sublime de ce mot : Patrie, qui renferme dans les bornes étroites de ses lettres tous nos espoirs, toutes nos tendresses, toute notre vie d'homme avec ses sourires et ses larmes...

A POTSDAM

22 septembre 1908.

A Berlin nous avons naturellement visité Potsdam et Sans-Souci ; ce fut une agréable journée avec le retour en bateau à vapeur sur le lac qui s'étend aux portes de Potsdam. Mais malgré tout nous en avons conservé une impression de tristesse à la suite de la visite à l'église de la garnison. Il y a là soixante-dix drapeaux français, pris à la guerre de 70.

Avec quelle émotion — quel silence — quelle tristesse nous avons contemplé ce spectacle, vous le devinez. A ce moment nous avons senti toute notre race s'émouvoir et frémir en nous — et en goûtant la poignante tristesse de cette vue, nous avons mieux compris combien nous étions Français. — Nous étions là cinq jeunes Français, dont plusieurs, j'en suis bien sûr, sont en France de paisibles citoyens un peu sceptiques et découragés comme tant de leurs compatriotes. Mais tous les cinq devant ce témoignage de notre défaite nous avons senti la même douleur et la même colère, nous avons avec

la même ardeur compati à l'injure faite à notre
pays — aux nôtres — à nous — et en sortant de
là nous ne faisions qu'évoquer les futurs combats
qui vengeraient le passé. Que ne peut-on envoyer
tous les pacifistes de France voir ces étoffes pri-
sonnières. Ils comprendraient ce que c'est que la
Patrie et à quelles réalités inscrites dans notre
chair — dans notre sang — elle correspond.....

EN ALLEMAGNE EN 1908

3 septembre 1908.

..... Le mari de B... est un vrai Teuton lourd, vulgaire, bon, violent, vaniteux, hospitalier et par-dessus le marché détestant la France.

Dans son salon, il y a la photographie de l'empereur et de l'impératrice, rien des princes de Wurtemberg. Il m'a accueilli de son mieux, mais avec la perpétuelle inquiétude que je ne trouve pas tout admirable dans sa ville et surtout en Allemagne. Il m'a permis de faire, sur l'Allemand en général, bien des observations que j'ai pu contrôler encore depuis huit jours.

L'Allemand est encore un simple et c'est là que réside toute sa force.

Il a reçu de la nature un lot en apparence plus restreint que les peuples qui l'entourent, une terre âpre et peu féconde, une nature lourde, un physique de bœuf. Mais au milieu de ce décor fruste, sous ce ventre pesant, s'agite une âme d'enfant, avec toutes les ardeurs et toutes les patiences de l'homme fait

Des siècles de guerre — le morcellement politique — les invasions — les luttes de dix siècles, depuis le Saint-Empire germanique jusqu'à Sedan, en passant par la guerre de Trente ans, rien n'a abattu cette volonté patiente, rien n'a terni cette innocente candeur.

Ainsi, il possédait les qualités qui font les grandes destinées : la volonté et la foi. Son sol produit peu, il n'a pas de mer, il est misérable, peu importe. Il veut et il croit. Et en trente ans il conquiert le monde.

Il croit tout d'abord. L'âme de Lohengrin nage confusément dans leurs tonneaux de bière et elle ne demande qu'à émerger pour s'envoler vers le ciel. De là, le charmant mysticisme de ce peuple pesant, ces myosotis perpétuellement fleuris sous des carapaces d'éléphant, les larmes d'amour, de joie, d'enthousiasme dans des yeux d'otarie. A côté de sa chope, la pipe à la main, suant, déboutonné, hideux, il rêve. Le Français ne verra en lui que le plus dégoûtant spécimen de l'humanité, sans voir bien souvent ces délicieuses qualités de ferveur et d'enthousiasme. Là où nous rions, il pleure. Là où nous dédaignons, il s'enflamme. Là où nous nions, il croit.

Et voilà le merveilleux, l'admirable point d'appui qui va soulever cette masse.

Donnez lui un idéal, montrez-lui un but, et voilà la lourde machine qui s'ébranle, grince, part. Rien n'arrêtera plus son élan.

Cet idéal, ce but, la guerre de 70 le lui a donné. *Deutschland über Alles*, c'est le résumé de l'Allemagne . actuelle, le secret de sa grandeur. Car maintenant que l'Allemand croit, qu'il croit en sa patrie, en son incomparable destinée, qu'il ne fume pas un cigare, ne boit pas une chope, ne donne pas un coup de pioche ou un coup de marteau sans voir devant lui l'image resplendissante de quelque Germania casquée, il luttera sans se lasser jamais.

Il est plus lourd, moins fin, moins intelligent, soit. Mais il sera plus travailleur, plus ordonné, plus constant.

Sans se lasser il essaiera ; il se trompera peut-être, mais il recommencera et alors il réussira. Il est le dernier venu sur la scène du monde. L'Angleterre avec son immense commerce, la France avec son immense culture semblent avoir accaparé tous les champs de la richesse et de l'idée. Que vient faire ce nouveau venu, laid et mal vêtu ?

Deutschland, Deutschland über Alles. Et voilà un million d'individus : paysans obscurs, employés, bureaucrates, qui fondent la ligue maritime. Ils n'ont point de côtes, mais ils ont des vaisseaux. L'Angleterre orgueilleuse de sa flotte semble les défier. Ils bâtissent des cuirassés et lancent des steamers. Durs à la fatigue, bêtes de somme, formés à la peine dès leur enfance par la misère, ils courent le monde, portent en tous lieux le drapeau, le produit allemand, et en trente ans leur commerce atteint quinze milliards, leur flotte prend le troisième rang. Ils sont les maîtres du monde.

C'est qu'ils ont travaillé pour une idée, c'est qu'ils ont une foi et que la grandeur de leur patrie a mis devant leurs regards une flamme éclatante.

Ajoutez à cela des défauts mêmes qui les ont servis dans la lutte.

Moins intelligents, ils ont moins réfléchi, moins pensé, et ils ont plus agi ;

moins délicats, moins raffinés, ils ont éprouvé pour les luttes de la vie une sorte d'ivresse, là où nous ne voyons que le néant de tout et où nous ne trouvons que lassitude et découragement ;

moins libres, ils ont accepté la discipline, l'ordre, le sacrifice de l'individu à l'intérêt général, les lois qui font que les masses deviennent des peuples puissants au lieu de s'émietter dans l'anarchie ;

moins prévoyants, ils ont eu de nombreuses familles ; moins sensibles, ils n'ont pas redouté pour l'être qu'ils créaient les incertitudes de l'avenir.

Ainsi à remuer et fouiller sans relâche leurs maigres terres, ils ont fini par en tirer la richesse.

Là où le blé ne poussait pas, ils ont construit des usines. Là où la terre était pauvre, l'abondance des bras a fini par en arracher la fertilité. Et aujourd'hui, ils peuvent avec une juste fierté reprendre la vieille devise et dire en toute vérité : *Deutschland über Alles.*

Évidemment, ils sont insupportables, leur amour-propre est enfantin et agaçant.

B... dit à son mari que le budget de l'Empire est détestable, et que leur dette est énorme. Voilà cet homme, qui pourtant est un mouton devant sa femme, qui se met en colère, crie, tempête et dit que plus un pays a de dettes plus il est riche, son crédit prouvant sa richesse. A quoi je lui réponds que ce qu'il dit est fort juste, la France ayant la plus lourde dette du monde est, par conséquent, la plus riche. Et il fait une grimace de dépit.

Je rencontre à Salzbourg un jeune Allemand. Nous causons de Vienne et de Berlin. Vienne, d'après lui, est médiocre, deux jours suffisent simplement, mais Berlin ! huit jours suffiront à peine.

Avant-hier, à Ischl, autre Allemand infiniment aimable et poli. Je lui dis que les cigares autrichiens sont mauvais. Il n'est pas content, mais j'ajoute que les cigares allemands sont délicieux et le voilà ravi. A un autre je dis que la vie est chère en Allemagne (c'est un marchand de cartes postales) et que les cartes qui coûtent 10 pfennig à Munich valent 0 fr. 05 en France. Il proteste presque avec impolitesse en faveur de son pays.

J'ai prodigué, exprès, de temps en temps, au mari de B... quelques phrases aimables sur son pays. Il gloussait de joie, mais pas un mot sur la France.

L'Allemand vu à Ischl me dit que Paris est une jolie ville, mais aussitôt il fait mille critiques : les voitures, la voirie et ceci et cela. Il y a des moments où ils sont exaspérants. Mais à réfléchir, combien cet amour passionné de leur pays doit être une force incommensurable. C'est leur vanité patriotique et individuelle qui fait qu'ils nous détestent et ils nous détestent. D'abord, ils nous jalousent. Nous n'avons pas des bedaines comme des outres et cette vulgarité épaisse ou cette raideur de mannequin qui les distinguent. Leurs femmes sont affreuses. Comme tous les êtres rudes et forts, ils admirent en secret et envient passionnément la finesse, l'élégance, la grâce, qu'ils discernent fort bien, car leurs âmes mystiques leur ont donné le sens artistique et ils s'irritent que d'autres possèdent ce que n'a pas la « Grande Allemagne ». Et puis, ils redoutent nos railleries. Leurs grosses voix, leurs membres épais leur font prendre pour du mépris une simple inflexion de voix ou un balancement de tête. Le mari de B... en était touchant et exaspérant, les yeux fixés sur moi, l'air d'implorer mon approbation.

Ils ont des systèmes, des théories, des explications sur tout, moins par subtilité que par épaisseur d'esprit, car ils ne discernent pas ce qui est important de ce qui ne l'est pas, le détail du principe et ils mettront, à soutenir une billevesée — le nombre de dents de Charlemagne, — la même ardeur qu'à exposer le règne de cet empereur. De là, leur science profonde, mais tatillonne et souvent, en dépit des apparences, sans grandes idées générales. En résumé, c'est un peuple fort, puissant, en pleine prospérité, mais il est aisé de voir le danger qui le menace : ce peuple ne supportera pas la civilisation. Éteignez la flamme, enlevez à Lohengrin son épée céleste et son cheval blanc, conduisez les héros de Wagner dans les rues policées et corrompues d'une cité trop civilisée, et vous n'avez plus rien qu'un ivrogne qui roule ou bien un Eulenbourg en proie à tous les vices.

Ce sens de l'ordre, cette propriété physique et morale, ce goût de la mesure et de l'harmonie qui caractérisent un peuple comme le nôtre, ils ne les ont pas. Les ravages de la civilisation seront foudroyants chez eux. Berlin par ses scandales nous a déjà avertis. Le mari de B... fulminait contre le trop grand nombre d'enfants. Les protestants n'ont, paraît-il, plus guère de religion. Le jour où ils auront atteint le degré de civilisation où nous sommes, que seront-ils ? Et que restera-t-il de la « Grande Allemagne » ? Peu de chose, et sa décadence pourrait être plus étonnante encore que son succès.

Mais ils n'en sont pas encore là. Le peuple est encore naïf, confiant, avec cette fleur de sentimentalité, d'ardeur spirituelle, d'où a jailli sa force. Il aime son pays passionnément, a confiance dans son chef, croit en Dieu, est confiant en lui par suite de ses succès. La route est large ouverte devant lui. Peut-être y tombera-t-il bientôt. Comme Français, je le désire, mais nul encore ne peut le prévoir.

J'arrête ici, mon bon père, ces longues pages.

Je suis si heureux de causer avec vous, que je ne fais plus attention...

Frankfort le 2 octobre 1908.

..... Les huit derniers jours que j'ai passés en Allemagne n'ont pas modifié mon opinion sur ce pays et le sentiment de cette force m'a été presque douloureux, comme vous le disiez, mon cher père, quand je songeais à notre pauvre France affaiblie et divisée.

A Eisenach, j'ai visité la vaste tour pesante et laide élevée par toutes les universités « à la Patrie allemande ». A l'intérieur de ce monument bâti par des « intellectuels », ne l'oublions pas, il y a quatre statues, dont Frédéric Guillaume, Bismarck, de Moltke, trois soldats — car on peut donner ce nom à Bismarck — sur quatre statues dans un monument universitaire! Comme ce détail représente bien l'esprit de l'Allemagne en même temps qu'il nous donne le secret de sa force et quel enseignement pour nous Français !

Mais si j'admire le peuple — je n'admire guère l'individu. L'Allemand n'est encore qu'un produit imparfait. Les Anglais diraient : « Ce n'est pas un gentleman ». Nous autres Français, nous pouvons dire : « Il n'est pas « né » — et plus justement encore : « Il n'est pas « français ». Il n'a rien de cet enthousiasme généreux, de cet élan spontané, de cette grâce charmante, qui distinguent notre race. Ses actes n'ont jamais ce je ne sais quoi de délicat, de chevaleresque, qui se rencontre à chaque pas dans notre histoire et la revêt de cette splendeur qui ne se trouve nulle part ailleurs. L'Allemand n'aurait jamais dit : « Tirez les premiers, messieurs les Anglais. »

Ainsi s'expliquent tant de côtés déplaisants de ce peuple, qui font qu'on peut l'admirer sans pouvoir l'aimer.

En politique, il est bas — menteur — faux (l'incident de Casablanca en est une preuve éclatante); en guerre, il est courageux — mais sans folle bravoure et sans héroïsme; 70 a été le triomphe de l'espionnage et d'une patiente préparation. En science, il est pédant, mesquin, chicaneur. En art, il est lourd et sans goût. Le cygne de *Lohengrin* nage bien sur les tonneaux de bière allemande, mais ce cygne, souvent, crie comme une oie.

C'est ce qui fait que tous les individus que j'ai rencontrés sur mon chemin m'ont, en règle générale, agacé et déplu.

Ils sont patriotes, mais ils le sont d'une façon agressive et haineuse. Leur vanité est inimaginable, enfantine, ridicule.

En Suisse saxonne, je rencontre un Allemand; je fais route avec lui. Devant nous, il y avait de nombreux groupes de touristes, hommes et femmes, sac au dos. Je lui en fais la remarque. C'est, me dit-il avec emphase, que les Allemands sont d'excellents marcheurs, les meilleurs « in der ganzen Welt ». (phrase favorite des Allemands).

Attends un peu, mon vieux, me dis-je. Je fais appel à mes jambes d'alpin et je me mets à gravir la côte à une allure d'automobile. Au bout de dix minutes, mon compagnon me demande grâce. « Vous êtes un bon marcheur », me dit-il avec un sourire forcé. « Oh ! lui ai-je répondu avec un petit air détaché, j'ai servi dans l'infanterie et les soldats français sont les meilleurs marcheurs..... in der ganzen Welt. » Attrape ! A Cassel, je demande mon chemin à un jeune homme. Il me l'indique, puis (et ceci est bien allemand) il ajoute qu'il va du même côté et si je le désire nous ferons route ensemble. J'accepte. Au bout d'un instant il me dit que je parle bien allemand, mais, ajoute-t-il. moi aussi, je parle français, « je parle très bien français », insiste-t-il. Aussitôt, pour l'éprouver, je lui parle français, il ne pouvait pas en ânonner deux syllabes. Et le voilà tout déconfit. Leur grossièreté est souvent inouïe. Ce soir, je rentre de Mayence. J'étais en troisième, il est vrai, mais des gens bien, en Allemagne, voyagent en cette classe. A côté de moi, il y avait un gros homme — bien mis — quelque négociant sans doute. Il ..... rotait (pardonnez-moi le mot, mais il est dans Molière) il rotait comme un tonnerre. Tout le monde avait l'air de trouver cela fort naturel et lui-même avait l'air fort satisfait. Hier, en wagon, j'étais en seconde, autre Allemand. Il veut être aimable et le voilà qui m'assure que la France et l'Allemagne s'adorent — qu'il n'y a, entre les deux peuples, que motifs de concorde. J'étais furieux. Ajoutez à cela que mon homme parlait un charabia incompréhensible et était secoué par un affreux hoquet dont il m'envoyait les vapeurs dans le nez.

En somme, une grande nation plutôt qu'une belle nation et même une forte nation plutôt qu'une grande nation ; des individus assez ordinaires qu'une admirable discipline et un patriotisme intense ont réunis en une puissante collectivité ; une armée d'ours qui est en train de conquérir le monde à coups de pavés. Le jour où le lien sera rompu, chaque épi n'aura pas en lui la force de se tenir debout et la gerbe tombera à terre d'un seul coup. Mais cette éventualité est encore bien improbable et notre pays fera bien de se défendre sur tous les terrains et ceux de la paix, commerce et industrie, et ceux de la guerre, s'il ne veut pas être absorbé par ce terrible voisin.

LETTRES DE GUERRE

1914-1915

LETTRES DE GUERRE

CHAPITRE PREMIER

MOBILISATION — GRENOBLE

A son père.

Paris, 28 juillet 1914.

Deux mots en hâte.

La situation internationale est bien grave, je reçois à l'instant un coup de téléphone d'un de mes amis — bien renseigné et très pessimiste. A Paris le Gouvernement croit à la guerre.

Je suis bien calme, et si nous devions partir j'aurais le temps de vous embrasser à Grenoble. Je pense bien à vous et surtout à mon cher André avec ses six enfants...

Paris, 1er août 1914.

Les événements sont si graves que je suis obligé de tout mettre en ordre dans mes affaires et de prendre toutes mes dispositions en vue d'un départ immédiat.

J'ai reçu votre bonne lettre et vous remercie de votre affection si tendre que je sens auprès de moi. Vous devez, ma mère et vous, passer des heures bien douloureuses d'angoisse avec la santé mourante de ma pauvre grand'mère pour ajouter à vos alarmes. De tout mon cœur je pense à vous...

Ici à Paris tout est calme avec, dans la population, une acceptation parfaite du devoir qui s'impose à tous les Français... A Dieu vat ! Mettons-nous dans les mains de la Providence.

1er août, 17 h. 35.

Arriverai lundi matin. Préparez uniforme. Tendresses.

Au capitaine André Dubarle.

Fleury-sous-Meudon, 2 août 1914.

Je pars dans quelques instants rejoindre mon bataillon. La guerre sera sans doute déclarée aujourd'hui ou demain. De tout cœur je suis avec toi. Nous reverrons-nous jamais, mon frère chéri ?

Si je venais à disparaître, tu consolerais nos parents. Si au contraire c'est toi qui devais être frappé, dis-toi que tes chers enfants seront toujours aimés et chéris, que je les suivrai, les entourerai et qu'ils seront élevés dans les traditions d'honneur, de patriotisme et de religion qui sont les tiennes.

Au revoir, ayons confiance dans le sort de notre pays.

A sa femme.

Grenoble, mercredi, 5 août 1914.

..... Voilà la guerre déclarée. Jusqu'au dernier moment je me demandais si elle éclaterait. Que veut l'Allemagne et où peut la conduire cette politique violente et agressive? Enfin, il n'y a pas à discuter ou à épiloguer. Nous ferons cela plus tard. Occupons-nous des faits qui sont assez graves et assez émouvants pour nous absorber...

Dimanche soir, à la gare de Lyon, foule immense, très calme. Encore deux heures et demie à attendre. Nous allons au café de la gare ; il est envahi par une foule de soldats et d'officiers.

Tout le monde fraternise, mais pas de cris ; quelques ébats de gaieté et un espoir silencieux, que personne n'ose formuler.

Tout à coup, quelques bravos à mes côtés. « Vive le 23! Vive le 23! » C'est un sous-lieutenant du 23° Alpin qui entre en tenue et que des réservistes de son bataillon, en civil, accueillent avec des bravos.

Il y a là un gros bonhomme bien amusant. Il doit être employé à l'établissement thermal de Bagnoles de l'Orne. Et il s'agite : « C'est moi, hier, à 4 heures, qui ai eu l'honneur d'annoncer la mobilisation. Oui, moi P... » Et il se tape sur la poitrine et il reprend comme un refrain : « Oui, moi P... » Il a femme et enfants. Mais « il s'en f... Il est Français d'abord » et il rayonne d'une joie si sincère, si franche qu'il en est émouvant.

Seule une petite bonne femme suspecte, en compagnie de jeunes gens rasés, rit avec des cris. Elle est huée au bout d'un instant. Cette foule est animée d'un esprit de vertu amusant.

A minuit le train arrive. Effroyable bousculade; on s'entasse partout et je me niche, après bien des efforts, dans un bout de couloir.

Le voyage est éreintant. Nous avons mis douze heures de Paris à Dijon. Il faut se battre dans les buffets pour trouver quelques sandwichs. Je finis par me caser sur une banquette et je dors une partie de la journée. Il y a dans mon compartiment un vieux commandant de territoriale, de soixante-quatre ans, en uniforme, tout sec, tout ridé, mais plein d'entrain. Son fils est parti la veille pour Belfort.

Tout le long du trajet beaucoup de monde aux gares, mais pas de cris, pas de forfanterie; vraiment ce peuple déjà debout, si décidé et si grave, est réconfortant.

Partout les réservistes sont déjà dans les gares, prêts à partir. Pas d'ivrognes. La voie ferrée est gardée par la territoriale. Nous arrivons à Lyon à 10 heures du soir, je décroche un bout de pain, un morceau de veau et une bouteille de bière et je fais mon petit festin, assis sur ma valise, dans un coin du quai.

Nous changeons de train, je m'installe dans un fourgon de bagages où je peux m'étendre sur le plancher et je dors jusqu'à Voreppe, où nous arrivons à 5 heures et demie. Là, il faut descendre. La voie est coupée par l'Isère débordée et c'est le tramway qui m'amène enfin à Grenoble à 7 heures et demie.

Je trouve mon père à la maison. Je m'habille et vais à la caserne. Je suis chargé de commander une compagnie de dépôt du 28e, c'est-à-dire que je partirai avec mes hommes pour combler les vides qui se produiront au cours de la campagne.

La grande partie des réserves partira pour les Alpes dans quelque temps. Donc aucune inquiétude à avoir sur moi pour le moment. Mais j'ai hâte d'être là-bas.....

Mon beau-frère[1] commande une compagnie du 340e composée de réservistes. Il part également pour les Alpes. Toutes ces troupes ne seront dirigées que plus tard sur la frontière, après le premier choc.

L'état d'esprit est merveilleux. Tout le monde accepte la guerre avec une abnégation joyeuse et un calme profond qui sont vraiment admirables. Nous pouvons être fiers du spectacle donné par notre pays dans cet orage inattendu. Tout le

---

[1]. Le capitaine Henry Chanzy.

monde part et ce ne sont que gens en uniforme.

Hier soir, après que la déclaration de guerre a été connue, la foule a été immense dans les rues. Quelques chants, mais ni braillards, ni ivrognes. On chante la Marseillaise et encore pas trop. C'est tout.

Mes réservistes sont admirables. Beaucoup ont rejoint même avant qu'ils n'y fussent obligés.

Aujourd'hui j'étais dans le bureau de ma compagnie, la porte s'ouvre et un petit bonhomme noiraud entre : « Voilà un volontaire, mon lieutenant ! » dit-il en se désignant. Il ne devait rejoindre que le onzième jour et il est parti tout de suite. « Je ne voulais pas manquer mon tour pour l'Est », m'explique-t-il. Et il ajoute en riant : « J'ai apporté une brosse pour débarbouiller Guillaume avant de l'embrasser ».

- C'est un mineur de la Loire. Plusieurs ont demandé à partir pour la frontière, « tout de suite, tout de suite ».

Rencontré beaucoup d'électeurs ; me voilà aux nues avec la loi de Trois Ans, qui, il y a trois mois, me faisait vouer aux gémonies.....

Enfin tout le monde vibre d'un même sentiment et d'une même volonté. Attendons les événements, mais je crois que nous pouvons espérer...

Dimanche, 9 août 1914.

..... D'après ce que vous me dites, votre vie s'organise normalement à Fleury. Je crois que le mieux est que vous y restiez le plus longtemps possible. Ce sont à des heures comme celles-ci qu'il faut vraiment montrer ce que sont le patriotisme et la solidarité nationale.

Je continue à commander ma compagnie à Grenoble et par-dessus le marché je suis deux fois par semaine juge au conseil de guerre.

Le commandement de ma compagnie m'absorbe assez. Trois exercices, marches, etc. Je m'efforce de secouer un peu mes deux cent cinquante hommes et d'en faire des soldats. Mais j'avoue que pour le moment je suis un peu déçu. Cette vie de garnison, même active, me paraît bien monotone, comparée à ce que je rêvais. Et si je dois passer tout le temps de la guerre à me consumer sur place, je donne ma démission d'officier de réserve dès que la paix sera faite. Heureusement que le colonel de notre bataillon a passé par Grenoble ces jours-ci. Je lui ai demandé à partir le plus tôt possible. Il m'a promis que le 28ᵉ serait dans l'Est d'ici trois semaines et qu'à ce moment il nous ferait rejoindre. Attendons donc patiemment.

Les nouvelles de la guerre sont assez bonnes jusqu'ici, mais ce ne sont que des escarmouches. Puissent ces premiers succès durer. Il ne faut pas nous dissimuler que la guerre sera terrible. L'Allemagne est formidablement armée et préparée et, si nous en venons à bout, ce ne sera qu'au prix des plus grands sacrifices.

Ici, tout est calme. La ville est encore occupée

par près de trois mille territoriaux et réservistes, et tous ces braves gens, évidemment pleins de bonne volonté, ont bien besoin d'être entraînés et de reprendre la vie militaire. Cette inaction, l'énervement de l'attente, les nouvelles, rares et bonnes, surexcitent à la fois l'ardeur et la paresse.

Les cafés sont pleins. On chante beaucoup trop la Marseillaise et je trouve que le public a l'air de s'imaginer que la guerre désormais ne sera qu'une promenade de plaisir jusqu'à Berlin. Gare aux premières déceptions. Il y en aura sûrement.....

Mes nièces sont venues vingt-quatre heures ici embrasser leur père..... Félicien [1] est rentré de l'île de Ré tout seul, sans bagages, avec des incidents sans nombre. Il a dû finalement aller à pied de Moirans à Tullins et a été arrêté deux fois par les gendarmes...

13 août 1914.

..... Dire que là-bas, sur la frontière, il doit y avoir de si belles batailles et que je n'y suis pas !

Je compte que dans trois ou quatre semaines je partirai enfin.

Vraiment j'ai honte de moi pour le moment.

J'ai maintenant quatre cents hommes sous mes ordres dans ma compagnie, tous pleins de bonne volonté et brûlant de partir pour la frontière.

1. Félicien Chanzy. Saint-Cyrien de la promotion « Amitié américaine et Drapeaux », aspirant au 146e d'Infanterie (1917).

Je les ai rassemblés l'autre jour et leur ai fait un petit discours sur l'honneur que nous avions de servir notre pays et bientôt, je l'espère, de risquer notre vie pour lui. Si vous aviez vu leurs regards et entendu leurs acclamations cela vous aurait réconfortée.

Le matin, à 6 heures, je les emmène en marche ou bien au tir. L'après-midi, les sergents leur font une théorie et leur font faire un peu d'exercice. Ils sont tous très disciplinés, supportent avec patience cette vie énervante de la caserne, encore mal vêtus et mal couchés. Et dire qu'on croyait que ce pays était corrompu, sans patriotisme, incapable d'un effort généreux!

Nous avons peu de nouvelles de la guerre. Je crois qu'une grande bataille se prépare en Belgique, sur notre frontière Nord. Il paraît que le haut état-major est plein de confiance.

J'ai été interrompu par la visite d'un électeur qui vient d'être mobilisé; il est au 1er régiment d'artillerie de montagne. Ce fut impayable. Il avait eu jadis une pleurésie et avait été à la visite pour expliquer son cas au major. « Mais j'étais émotionné, me dit-il, cela m'a porté sur l'estomac, je n'ai su que lui dire et alors, Monsieur Dubarle, le major a dit que j'étais un philosophe ». Et il gémissait : « Oui, un philosophe. Pensez-vous qu'il ait mis ça sur le cahier de visite? C'est que c'est grave d'être un philosophe. Avec ce motif, je pourrais passer en conseil de guerre ». Et il répétait ce grand mot de philosophe sans arrêt. Je n'en pouvais plus à force d'avoir envie de rire. Je l'ai réconforté et consolé.

Pissard [1] vient de sortir d'ici. Il est au 140° plein d'un zèle brûlant...

Une lettre d'André arrive. Elle date de huit jours. Il est plein de calme et de confiance. Quelle belle âme de soldat! Il y a eu, nous dit-il, dans sa région une série d'engagements, tous très heureux. A eux seuls, ils ont, dans un coin, tué plus de vingt uhlans, sans recevoir une égratignure. Deux blessés allemands, transportés à Saint-Dié, étaient tout étonnés d'être soignés; on leur avait dit que les Français fusillaient les prisonniers.

Ma pauvre grand'mère est très mal; elle a été administrée avant-hier et je crains bien qu'elle n'atteigne pas dimanche. Elle a sa connaissance, mais ce n'est plus qu'un faible souffle de vie dans un corps épuisé. La mort a encore tiré et ravagé ce visage que j'ai connu si charmant; elle me reconnaît toujours et m'a béni... « Pour toi et pour ta femme ». Et sa pauvre main défaillante s'est posée sur mon front.

J'ai été très ému. J'aimais beaucoup ma grand'mère qui toujours a été très bonne pour moi. Je ne l'ai connue que déjà vieille, mais elle avait conservé, jusque dans son extrême vieillesse, une vivacité d'esprit et un charme délicieux.

1. Hippolyte Pissard, lieutenant au 30° bataillon de chasseurs alpins, tué au combat de Curlu (Somme) le 20 juillet 1916.

Il me semble que je suis plus spécialement attaché par des liens de sang et d'hérédité à celle qui va disparaître et c'est un deuil que je ressens cruellement.

Pensez un peu à elle. Elle vous aimait tendrement et ne cessait de me parler de vous.....

A Madame Edouard Marbeau.

Grenoble, 14 août 1914.

.....Je suis toujours à Grenoble, rôti par un soleil de feu et me consumant d'impatience, loin de la frontière et de l'ennemi.

Je commande une compagnie de Chasseurs, j'ai quatre cents hommes sous mes ordres que j'entraîne physiquement et moralement de mon mieux pour le jour où nous serons enfin appelés sur la ligne de feu.

L'esprit général est ici parfait, calme, résolu ; la volonté de tous est de faire son devoir et de défendre notre pays. Je suis convaincu qu'on peut avoir une confiance absolue dans l'esprit des soldats. Que seront les chefs et les hasards de la guerre ? l'avenir nous le dira prochainement.

Vous verrez que nous serons victorieux et quelle joie de faire un voyage dans cette Alsace que j'ai si souvent visitée encore prisonnière et dominée par l'Allemagne! Et comme notre vie est peu de chose si par notre sacrifice obscur nous pouvons collaborer au salut de notre pays.

J'étais si ému en vous quittant que je n'ai pu assez vous dire mon affection et ma reconnaissance pour tout ce que vous avez été pour moi depuis mon mariage. Vous ai-je fait sentir combien je vous aimais tous et combien je me considérais comme votre enfant?

C'est tout cela que j'aurais voulu vous dire à cette heure d'un départ qui pouvait être définitif, et voilà que ma pauvre éloquence a pris la fuite et je n'ai trouvé que mes sottes larmes pour vous faire comprendre ma tendresse profonde. Enfin je suis sûr que votre cœur m'a deviné.....

J'espère que ma prochaine lettre sera datée de la frontière ou d'Alsace. Quelle joie de partir enfin!.....

A sa femme.

17 août.

.....Je suis actuellement officier d'ordonnance du général gouverneur de Grenoble. Ce général est le général Pédoya, député de l'Ariège. Il m'a désigné à son arrivée pour cette mission et il l'a fait dans les termes les plus courtois et les plus obligeants.

Je mène une vie beaucoup plus intéressante.

Demain je pars en auto faire une inspection des
forts de la Maurienne.....

Pour le moment les nouvelles sont bonnes. Mais
enfin ce ne sont que de beaux combats d'avant-
garde et d'heureuses escarmouches. J'attends avec
impatience la bataille qui repoussera définitivement l'ennemi de l'autre côté du Rhin.

Il faudra en effet de grandes et décisives victoires pour écraser l'Allemagne et l'amener à
signer une paix qui, j'espère, sera lourde pour elle,
l'obligera à céder des territoires et amènera un
remaniement considérable de la carte d'Europe. Si
toutes les querelles, les revendications qui pèsent
sur l'Europe ne sont pas purgées une bonne fois,
ce sera à recommencer dans quatre ou cinq ans
d'une façon plus sauvage encore.

Dire que nous vivons peut-être une des heures
les plus importantes de l'Histoire. Et tout est
si calme ! Le petit train-train de notre petite vie
continue et ces heures, que des siècles obser-
veront et étudieront plus tard, sont aussi grises,
aussi plates et médiocres que n'importe quelles
autres !

Ma pauvre grand'mère agonise, elle ne parle
plus, mais elle me reconnaît encore et emploie sa
dernière force, si chancelante, à prier avec une
foi qui apaise et éclaire son pauvre visage mourant. J'y vais deux fois par jour, et, de vivre
ainsi près de la mort, calme, élève et fortifie singulièrement le cœur...

(Carnet de campagne.)

19 août 1914.

J'écris à B... officier adjoint au commandant du 68e de télégraphier à Grenoble qu'on a besoin de moi au bataillon, de façon que je puisse partir en campagne.

Je porte la lettre à L... qui part rejoindre le bataillon.

A sa femme.

Jeudi, 20 août 1914.

..... Ma pauvre grand'mère est morte lundi soir à 10 heures. Depuis le matin sa mort était imminente. Elle ne parlait plus, mais nous reconnaissait encore. A 2 heures elle m'avait serré la main. Puis le soir venu, elle s'est éteinte doucement, sans souffrance.

Pour elle c'est une délivrance. Pour nous tous qui savions qu'elle était condamnée et que son extrême vieillesse ne laissait aucun espoir, c'est malgré tout un déchirement.

Maintenant que la chère disparue n'est plus, je songe avec tant de tristesse à tout ce qu'elle a été pour moi, à sa bonté affectueuse, à la charmante douceur avec laquelle elle m'a toujours aimé et s'est intéressée à ma vie. Encore une chère figure que je vois disparaître ! il me semble que dans notre famille, après avoir été si longtemps le dernier-né, celui que tant d'autres doivent précéder dans la mort, je vais être bientôt le plus ancien, celui qui doit partir le premier...

Ma vie est toujours la même. Je continue mon métier d'officier d'ordonnance. Je fais avec le général des tournées d'inspection en auto, puis je rédige des rapports. C'est assez peu astreignant et assez intéressant.

L'essentiel pour moi c'est d'être sorti du dépôt. Maintenant, je suis à peu près sûr de partir pour la frontière. Que j'ai hâte d'y être ! Espérons que cela ne tardera pas...

Gare de Livron, 23 août 1914.

..... Hier, à 11 heures, le général Pédoya m'a communiqué la dépêche de mon chef me disant de rejoindre le bataillon aujourd'hui dimanche à 2 heures à Livron, où il passera venant des Alpes et se dirigeant vers l'Est.

Le général m'a très aimablement demandé de rester auprès de lui, mais j'ai refusé. J'ai tout de suite été préparer ma cantine, et à 5 heures 26 je prenais le train de Valence, sans avoir pu revoir les miens qui se trouvaient à Tullins. J'ai couché à Valence. J'en suis reparti ce matin et j'attends à Livron le passage du train militaire à 2 heures.

Toutes les troupes des Alpes sont dirigées sur Besançon, d'où elles seront réexpédiées vers une destination inconnue. Je crois que ce sera l'Alsace où nous devrons former des brigades de marche, dit-on, mais il est très possible que nous soyons envoyés dans une autre direction tout à fait opposée, suivant ce que sera la bataille engagée à l'heure actuelle et à laquelle, malheureusement, nous arriverons trop tard pour y participer.

Surtout ne vous tourmentez pas ! A partir de maintenant, je suis dans les mains de la Providence, advienne que pourra.

L'enterrement de ma grand'mère a eu lieu vendredi à Tullins. Il y avait beaucoup de monde très sympathique et très affectueux.....

Avez-vous des blessés à Meudon ? Hier il en est arrivé trois cent quatre-vingts à Grenoble, tous assez légèrement atteints et d'un courage et d'une gaieté admirables.

Ce matin, je voyage avec un monsieur qui me dit les larmes aux yeux : « Mes trois fils sont aux armées. » Me voilà plein de compassion. « Et où sont vos enfants ? » Et j'apprends que l'un est au dépôt de remonte à Saint-Lô, l'autre au dépôt à Orange, le troisième médecin dans un hôpital de Paris. Et le brave père avait l'air de s'imaginer que ses rejetons étaient tous exposés aux premiers coups. Ces braves méridionaux sont étonnants !

. . . .

Et maintenant pensez à moi comme je penserai à vous et ayez confiance comme j'ai confiance moi-même. J'accomplis mon devoir, je défends mon pays, c'est assez pour que vous soyez calme, fière et que vous songiez en paix à l'avenir.

CHAPITRE II

LORRAINE — COLS DES VOSGES
AVANT-POSTES. RECONNAISSANCES

A sa femme.

26 août 1914.

Sommes devant l'ennemi. Nuit aux avant-postes. Santé parfaite. Nous marchons en avant. Moral de tous magnifique.

(Carnet de campagne.)

26 août 1914.

Attaque de Clézentaine. Obus à deux mètres de moi et de ma section. Pas de mal. Détaché ensuite à la protection du général de brigade.

Un officier allemand fait prisonnier.

Pluie torrentielle.

3 septembre 1914.

Réveil à 3 heures. Départ à 3 heures 30 pour Chatel où nous devons embarquer pour les Vosges.

Vingt kilomètres de marche. Passons à Clézentaine horriblement bombardé dont il ne reste que des ruines. Puanteur,

Arrivons au Tilloy (Vosges) à 4 heures.

5 septembre 1914.

Allons de Bussang à Kruth en Alsace. Franchissons la frontière. Emotion.

A ses parents.

6 septembre 1914.

Nous avons mené durant dix jours une vie de combats incessants, sous une pluie d'obus, sans une minute d'arrêt ni jour ni nuit. Heureusement nous n'avons eu que peu de pertes. Maintenant le bataillon se repose et se reforme sur les cols des Vosges.

Je vous rappelle que je suis au 68° bataillon de chasseurs, 9° compagnie.

Les nouvelles sont bien graves. Puisse notre pauvre pays échapper au désastre qui le menace. Je reste malgré tout plein de courage et d'espoir dans l'avenir de la France...

A Madame Edouard Marbeau.

10 septembre 1914.

..... Pendant dix jours, nous avons combattu presque sans trêve, constamment sous le feu de l'artillerie, couchant sur le terrain avec une pluie battante.

Votre médaille que je garde précieusement me porte bonheur.

Ma santé est parfaite, mon humeur excellente et j'accepte sans fatigue, ni découragement cette dure existence de dangers et d'efforts. Aujourd'hui nous montons la garde dans les cols des Vosges au milieu du brouillard, mais dans la tranquillité la plus complète. Presque plus de canon et plus d'ennemis en vue.

Vous devinez avec quelle tendre affection ma pensée vous suit depuis mon départ, et combien souvent je me repose en esprit en songeant au passé que vous avez su faire si doux et si chaud par votre sollicitude et votre bonté.

Puissions-nous nous retrouver après une paix glorieuse pour notre pays. Ne pensons qu'à cela, et que nos vies sont peu de chose comparées à la vie même de notre Patrie.....

A ses parents

12 septembre 1914.

J'ai reçu deux de vos lettres l'autre jour, celles écrites le 31 août. Les autres ne me sont pas parvenues. Avez-vous reçu de mes nouvelles ?

Je vous ai écrit plusieurs fois.

Pour le moment nous montons la garde à 1260 mètres d'altitude au sommet d'un col des Vosges, entre le Hoheneck et le ballon de Guebwiller.

La compagnie est cantonnée dans une ferme et nous menons la vie pittoresque et amusante d'une troupe en manœuvres dans les Alpes. Mais nous sommes isolés du monde, sans nouvelles ni journaux et presque sans lettres. Nous savons à peine ce qui se passe, la marche des Allemands sur Paris, leur retraite qui commence, paraît-il, et l'avance russe en Prusse orientale. J'ai pleine confiance dans le résultat final, mais la guerre pourra être longue, car il faudra user l'Allemagne pour la vaincre.

A sa femme.

10-12-13 septembre 1914.

..... Pas de changement dans ma situation, je suis toujours à 1 250 mètres d'altitude à garder les cols et à abattre des bois, à construire des tranchées. Nous entendons le canon dans le lointain ; sinon, nous nous croirions en manœuvres. Ma vie est remplie des incidents de la vie militaire. Il fait un froid de canard. Je m'occupe à faire consolider un vrai grenier délabré pour y loger des hommes qui jusqu'ici couchent dehors et j'envoie des corvées de bois pour nous chauffer. Je fais des patrouilles, je visite mes petits postes, et la journée se passe. D'autre part j'ai pris la haute main sur notre alimentation, car le sous-lieutenant qui en était chargé nous laissait dans la famine. Comme nous sommes éloignés de tout, le ravitaillement est difficile, mais jusqu'ici tout va bien, grâce à des boîtes de conserves. J'ai même réussi à me faire monter du lait, et ce matin nous avons eu un succulent chocolat.

Ce qui laisse le plus à désirer, ce sont les nuits. Il fait glacial, et on n'arrive pas à se réchauffer. Mais tout cela est peu de chose.

Mes hommes ne vont pas mal, ce sont de bons chasseurs, je leur fais de temps en temps un petit discours pour les encourager. Ils sont fort bien nourris ; je leur fais donner du thé deux fois par jour, du vin tous les deux jours, en plus des distributions ordinaires qui sont abondantes et excellentes.

L'autre jour, distribution de vin à la compagnie. Mon ordonnance, brave Auvergnat, en était ravi. Quelquefois, quand il en boit trop, son épouse lui fait des reproches. « Et qu'est-ce que vous lui répondez ? » Alors il s'est mis à rire. « Je lui dis : Ma femme, reste en paix, le vin est bon ; il faut bien que les hommes aient leur petit plaisir ». Ce brave Auvergnat est impayable de tranquillité et de paresse rusée.

Les lettres sont rares et sont pour nous un événement et un bonheur inexprimable. Qu'on m'écrive, je ne recevrai peut-être jamais les lettres, mais si l'une me parvient, ce sera un peu de joie et de chaleur pour moi.

Que Pierre m'envoie aussi des nouvelles de tous. Je ne sais rien de mon frère, et j'ai hâte d'être rassuré sur lui. Je pense que François continue à bien aller.

D'après les dernières nouvelles, l'armée allemande arrête sa marche sur Paris et je pense que d'ici peu elle sera complètement repoussée. Ces bonnes nouvelles nous donnent de la joie et du courage.

A Mesdemoiselles J. et C. Marbeau.

23 septembre 1914.

Je vous avais griffonné quelques lignes au crayon, il y a une quinzaine de jours et je doute qu'elles soient jamais arrivées.

Ce mois de campagne ne m'a nullement éprouvé. Il me semble que je suis maintenant un vieux guerrier, et j'accepte avec une égale philosophie les nuits à la belle étoile, où la pluie remplace souvent les étoiles, et les obus dont les Allemands nous gratifient à profusion. Au surplus, ces fameux obus font plus de bruit que de mal. Ils éclatent comme le tonnerre et souvent c'est tout. J'en ai vu un éclater à deux mètres de ma section, et personne n'a rien eu, que beaucoup de terre, qui nous a aspergés, sans nous causer le moindre mal.

Petit à petit on arrive à arranger son existence de façon à peu près normale, à se laver au moins tous les deux jours, à se raser, et à ne pas ressembler à des sauvages.

J'ai une section de soixante-dix hommes sous mes ordres : ce sont des réservistes ; au début ils pensaient un peu trop à leurs femmes et à leurs enfants, mais maintenant les voilà bien entraînés. Je les ai emmenés plusieurs fois en reconnaissance ; ils marchent bien et ont confiance en moi. D'ailleurs, sous le feu, ma douceur naturelle se transforme en sévérité, et chacun sait qu'à ce moment je ne plaisante pas, et qu'il faut que tout le monde avance et obéisse sans broncher. Aussi de ce côté je suis content, et, lorsqu'il le faudra, je crois que, mes hommes et moi, nous pourrons bien faire notre devoir et taper dur sur les Allemands.

Nous sommes très bien nourris et le service de ravitaillement se fait avec une régularité parfaite.

Vous voyez que nous ne sommes pas trop à plaindre. Notre plus grand ennemi, c'est le froid qui commence à être très vif la nuit. Mais on s'y fait, comme à tout, et nous finissons par dormir à poings fermés au coin d'un bois ou dans le creux d'une tranchée. Voilà pour ma vie militaire.

Je n'ai rien de bien neuf à vous raconter. Nous sommes obligés à juste titre de ne rien dire sur notre situation militaire. A l'heure actuelle nous sommes assez peu exposés, et vous n'avez nulle inquiétude à avoir sur mon sort.

J'ai reçu de bonnes nouvelles de mon frère. Son bataillon a été très éprouvé. Il n'a heureusement rien eu et a été cité à l'ordre du jour de l'armée.

Quand nous reverrons-nous ? Je n'ose y songer. Je pense bien à vous avec la plus affectueuse tendresse. Je me rappelle le temps où nous faisions tous trois salon dans la chambre de Marie et le soir dans le jardin, quand Charlotte me disait : « Robert, racontez-moi une histoire ». Que tout cela est près et loin tout ensemble !

Quand on mène une existence comme celle que je mène, où malgré tout il faut regarder la mort en face et sans la craindre, le cher passé prend une intensité et une douceur extrêmes. A ces heures qui peuvent être les dernières, on vit tout environné de ceux qu'on a connus et aimés, pour les voir encore une fois au fond de son cœur. Aussi, à côté de la figure de Marie, j'ai vu bien souvent vos visages à toutes deux, celui de Geneviève et celui de vos frères ; et si je reviens, comme je l'espère, il me semble que notre bonne amitié à tous sera plus intime et plus profonde.

J'aurai de belles histoires à vous raconter, et de tristes et de gaies. Comme cela sera bon !...

Et le jeune Pierre ? Et l'astronomie ? Il paraît qu'il y a une nouvelle comète.

Notre moral à tous est bon. Nous comptons fermement sur la victoire finale. Ce sera dur et ce sera long. Il ne faudra jamais désespérer, mais lutter jusqu'au bout. Il y aura encore des revers :

les Allemands font contre nous un effort désespéré.
Mais vous verrez que c'est la France qui l'empor-
tera à la fin, et c'est la seule chose qui compte.

L'autre jour nous avons fait prisonnier un officier allemand. Il avait une peur folle et s'est jeté à
mes genoux, croyant que j'allais le fusiller. L'imbécile ! Dernièrement une trentaine de civils alsaciens sont venus nous aider à exécuter certains
travaux. Je leur ai parlé allemand ; je les ai bien
nourris, tous mes chasseurs ont été prévenants et
bons pour eux. Ils n'en revenaient pas. De temps
en temps, à l'heure de la soupe, je leur adressais
un petit discours pour leur demander s'ils étaient
bien nourris et si les soldats français n'étaient pas
gentils. Ils riaient aux éclats et me regardaient
avec stupeur.

Cela les changeait des coups de botte qu'ils rece-
vaient jadis à la caserne. Le dernier soir ils ont
chanté la Marseillaise et sont partis enchantés
trouvant que ces Français, qu'on leur représentait
comme des diables, étaient épatants...

A sa femme.

28 septembre 1914.

Nous sommes cantonnés dans des fermes que
nous aménageons de notre mieux et nous ne
sommes pas trop mal. La nourriture est bonne,
notre cuisinier nous fait sauter des beefsteaks et

des pommes frites succulentes. De l'eau fraîche et une goutte de kirsch et nous voilà nourris comme des princes.

..... Hier j'ai dirigé une patrouille assez loin. Nous sommes arrivés en trombe, débouchant d'un bois, dans un village que nous avons fouillé. Tout le monde fuyait. Mais j'ai bien vite rassuré ces braves gens, causant et plaisantant avec eux en allemand. Petit à petit tout le monde a mis le nez à la fenêtre. J'ai fait des compliments aux jeunes filles, elles nous ont donné des fleurs, du lait, du fromage. Mes chasseurs étaient au comble de la joie, et nous sommes partis au milieu du village assemblé, comme des triomphateurs. Une jeune fille m'a appelé « Herr Caporal », une autre disait à l'un de mes hommes : « Votre chef à l'air si jeune, il n'a pas 23 ans !..... »

A Mademoiselle Jeanne Marbeau.

4 octobre 1914.

J'ai reçu aujourd'hui votre carte postale du 22 septembre et j'en ai été ravi puisqu'elle m'apportait de vos nouvelles. En même temps elle me rappelait votre naissance, et je vous envoie tous mes souhaits.

Savez-vous, ma petite Jeanne, que vous devenez terriblement vieille et qu'il va falloir tout de suite vous mettre en quête de quelque Prince Charmant digne de vous. Là-dessus vous allez me répondre que vous avez juré de rester vieille fille, et je vous réponds à mon tour que c'est une folie.

Lorsque l'on est en guerre avec de longues heures fiévreuses d'attente au milieu du danger et tout près de la mort qui frappe à côté de vous, et vous frappera peut-être dans un instant, on devient un grand philosophe.

Et sur quoi philosopher, si ce n'est sur la vie, durant les instants où elle vous paraît si belle, si douce et si triste, puisqu'il faut être prêt à la quitter ? Eh bien ! pour moi, qui suis un vieillard comparé à vous (trente-trois ans dans douze jours ! j'en suis glacé d'horreur !) j'ai souvent revécu toutes mes années enfuies. Elles ont été plus mouvementées que les vôtres, plus remplies d'incidents petits ou grands, et aussi de joies et de tristesses.

Vraiment il ne reste de tant de souvenirs qui s'agitent qu'une vraie joie, profonde et mélancolique, c'est de se souvenir qu'on a aimé et qu'on a peut-être été aimé. Musset a dit cela bien mieux que moi, mais que c'est vrai !

Et que serez-vous, lorsque vous aurez cinquante ans, un perroquet, un chat et mille manies de vieille fille, si sur vos cheveux blancs il n'y a pas un tendre souvenir, et que votre existence vous apparaîtra vide sans vraie tendresse, et sans ce bonheur secret et passionné qu'est l'amour !

Donc, pour le 22 septembre 1915, que le Prince

Charmant soit venu. Voilà mon souhait formulé et mon sermon terminé.

Vous aimeriez mieux quelques histoires, mais je n'ose trop rien vous dire, de crainte que ma lettre ne soit arrêtée.

. . . .

Notre cuisinier est un montagnard impayable. L'autre jour, je lui ai demandé s'il battait sa femme. Il m'a répondu : « Oh ! non, parce qu'elle taperait plus fort que moi ! » Je lui ai demandé ce qui lui ferait le plus de plaisir quand il rentrerait. Il m'a dit que ce serait de voir sa mule « une petite bête si douce et si gentille qui le sent d'une lieue »...

Un jour il reçoit une lettre de chez lui et son visage est radieux. « Vous avez de bonnes nouvelles des vôtres ? — Oh ! oui, mon lieutenant, mon voisin m'a ensemencé deux pièces de blé. » Il songe à sa mule, à ses champs, bien plus qu'à sa femme et à ses enfants. C'est peut-être la sagesse, mais elle me ferait horreur. A part cela il me demande chaque matin si la guerre va durer plus de quinze jours encore ! Et quand je lui dis qu'il y en a pour six mois peut-être, il est navré. « Allons chercher la consolation », gémit-il doucement, et il prend une énorme pipe qu'il fume du matin au soir.

J'ai dans ma section, de très braves gens, et avec eux nous faisons souvent des reconnaissances vers les lignes ennemies. Cela nous distrait, car les journées sont longues.

Je trouve que la guerre devient monotone.

Enfin, profitons de ce repos relatif. Où serai-je dans un mois?

Je crois qu'il faut s'attendre à faire la guerre tout l'hiver, et je ne compte guère vous revoir avant Pâques. Enfin, pourvu que nous nous revoyions !

Adieu, ma chère Jeanne, excusez ce gribouillage ; je vous écris sur un coin de table branlante en surveillant mes hommes qui construisent des tranchées.

A sa femme.

5 octobre 1914.

..... J'ai vu l'article de Barrès sur Mgr Marbeau. A un moment où je craignais que Meaux ne fût occupé et connaissant votre oncle, son courage, sa fermeté, je tremblais que les Allemands ne l'emmenassent en Allemagne en otage.

Je me prépare à une longue campagne, et je crois que nous ne nous reverrons que lorsque l'hiver sera fini depuis longtemps. Armons-nous de courage, ne pensons pas à nous — nous sommes si peu de chose ! — mais uniquement à notre pays. Que la France soit victorieuse, songeons à cela uniquement, de toutes nos forces, de tout notre cœur. Cela nous aidera à oublier nos souffrances personnelles et toute la tristesse de cette longue séparation.

Les Alpins jouissent dans toute la région alsacienne d'une réputation extraordinaire. Il est vrai que ce sont de bonnes troupes disciplinées et qui, je l'espère, seront bientôt à même de montrer de nouveau leur courage et leur patriotisme.

Nous avons construit des baraques épatantes pour loger nos hommes ; nous avons trouvé sur des fermes abandonnées des couvertures de zinc, on a monté des monceaux de fougères prises dans la forêt, et cela fait des lits excellents pour les nuits où nous couchons dehors.

D'ailleurs le temps est très beau depuis dix jours, avec, le soir, d'admirables couchers de soleil derrière les Vosges françaises, dont la ligne se détache avec une grâce estompée et indécise sur le ciel enflammé du couchant. Un matin, partis de bonne heure, nous avons assisté au lever du soleil, vu à nos pieds toute la plaine du Rhin, la Forêt Noire, et au-dessus les Alpes suisses, le Cervin, la Jungfrau, dressés jusqu'au sommet du ciel et découpant leurs cimes sur un ciel clair à peine illuminé par l'aurore. C'était d'une beauté si féerique que nous nous sommes tous arrêtés, avec un cri d'admiration. Pourrai-je jamais vous faire visiter ce beau pays, si rempli déjà de souvenirs pour moi ?

Nous devons, après la guerre, faire un voyage avec certains officiers du bataillon, pour revoir en touristes tous les pays où nous aurons passé en nous battant.

J'ai interrompu ma lettre pour prendre à notre popote une tasse de thé avec un peu de lait, et du pain grillé et beurré ! Nos chasseurs prennent du thé et du rhum presque tous les jours à 3 heures. Mais le lait et le beurre, quel luxe inouï ! Nous l'avions reçu à midi et avions décidé de ne pas attendre plus longtemps pour nous en régaler. Au beau milieu d'une tartine, pan, pan, pan ! des coups de fusil dans le lointain. Je saute sur mon revolver, j'emmène une escouade et nous partons en courant vers la région suspecte, au milieu des bois. Je fouille, je regarde, j'examine : mes hommes, fusil à la main, se glissent à travers les troncs de hêtres. Rien qu'une troupe de chevreuils qui fuient épouvantés. Je reviens pour la soupe du soir, sans avoir tiré un coup de fusil.

Le soir, mes hommes chantent souvent, et j'entends défiler les chansons qui m'ont été ressassées plus de cent fois au cours des banquets électoraux. Doux souvenirs ! il y a même la plaisanterie traditionnelle : 2ᵉ, 3ᵉ catastrophe, pour 2ᵉ, 3ᵉ strophe, et ce sont des rires unanimes qui me rappellent les gaietés électorales.

J'ai déniché chez un brave curé quelques bouquins français, notamment des Paul Féval; ils sont très drôles, d'une fantaisie, d'une verve qui valent les meilleurs romans d'Alexandre Dumas... Je les ai tous lus avec joie, car la privation de toute vie intellectuelle est très pénible...

A ses parents.

6 octobre 1914.

J'ai été bien ému en apprenant les cinq blessures de mon cher frère. Je savais qu'il avait été cité une deuxième fois à l'ordre du jour de l'armée sans connaître le motif et je savais que trop souvent ces citations indiquent une blessure grave. Je tremblais donc pour lui, et lorsque je l'ai su à Grenoble, bien soigné, entouré des siens, sans que sa vie soit en danger, quel soulagement pour moi !

Il y a dix-huit mois il s'inquiétait de sa carrière. Aujourd'hui reçu à l'école de guerre dans un rang très brillant, et ayant accompli les plus beaux exploits sous le feu, il a devant lui un bel avenir.

Que devient Henry ? Je n'ai à son sujet aucune espèce de nouvelles, et j'ignore même où se trouve son régiment. Je pense que vous êtes renseignés, et puisque vous ne me dites rien, c'est que tout va bien.

Ma pensée vous suit bien tendrement. Les nouvelles de France sont rares, mais je crois à une guerre longue et pénible. Puissé-je me tromper ! Enfin, ne songeons pas à nous, mais uniquement à la victoire définitive. Qu'est ma vie, comparée à la grandeur du but poursuivi, et comprenons que nos angoisses, nos regrets, ou nos souffrances ne doivent pas compter à une heure où le destin de la France semble hésiter entre la vie et la mort.

Ici le moral de tous est bon, la confiance dans le triomphe final est inébranlable. Puissions-nous quand ce jour viendra être tous réunis, sans aucun vide parmi nous!

Ma santé continue à être excellente. Je n'ai pas eu une minute d'abattement ou de maladie. Au fond cette vie de dure et incessante activité me convient à ravir et je trouve à y dépenser un peu de cette ardeur que la vie jusqu'ici a parfois durement comprimée.

Dites à mon cher André que tout mon cœur, toute ma pensée sont près de lui pour l'aimer, me réjouir et m'enorgueillir de ce qu'il a fait et de ce qu'il a souffert pour notre pays. C'est la première fois que le sang des nôtres coule sur un champ de bataille, et ce n'est peut-être pas la dernière. Puisons-y une force et un courage nouveaux pour être prêts, s'il le faut, à de nouveaux sacrifices.

A sa femme.

11-18 octobre 1914.

..... Hier j'ai été jusqu'à T..., où j'avais passé en touriste il y a dix-sept ans. La cathédrale est belle et la population très française. De braves gens m'ont donné en cours de route des tricots pour mes chasseurs, et m'ont régalé d'une délicieuse galantine de porc, arrosée de vin blanc. Ce sont

de braves épiciers ; ils doivent aller à Paris après
la guerre, et je les ai invités à venir dîner chez
nous. Je distribue comme cela des tas d'invitations
à des tas de braves gens, et si la moitié me tient
parole, notre maison va devenir une hôtellerie.

A T..., une commerçante m'a raconté que son
mari, ne croyant pas à la guerre, n'avait pas fui à
temps, et il sert dans l'armée allemande comme
artilleur. Son frère a pu se sauver, et il sert dans
l'armée française, et les deux beaux-frères se tueront peut-être l'un l'autre.

L'autre jour, les Allemands ont bombardé T...
Ils n'ont tué que des enfants dont deux Allemands. Juste punition de leur barbarie.....

. . . .

Vous me demandez des détails sur ma vie. J'ai
peur, si je vous en donne, que mes lettres n'arrivent pas. Mais rassurez-vous sur mon sort. J'ai un
ordonnance qui me lave mon linge et j'en change
souvent. Parfois il arrive que, lorsque le linge est
encore dans l'eau, l'ordre arrive de repartir. Vite
on fourre la lessive toute mouillée dans la cantine
et elle sèche quand elle peut.

CHAPITRE III

SUDEL — GOLDBACH — GOLDEMATT
DREHKOPF

A sa femme.

18 octobre 1914.

..... J'ai appris la mort de M. de Mun et j'en ai été très ému. C'était une des plus nobles figures que j'aie jamais rencontrées et c'est une grande perte pour la France. Que de morts obscurs et illustres dans cette année 1914 !

22 octobre 1914.

..... Pas de changement dans ma vie. Toujours la même existence d'avant-postes, dure, pénible, mais pleine d'incidents et d'intérêt. Les nuits sont pénibles parce qu'il fait froid et qu'il faut être à chaque instant debout à relever les sentinelles, à surveiller si rien ne se passe. Constamment ce sont des coups de feu ; il faut dans la nuit courir aux postes de combat, attendre l'oreille au guet, et comme, la plupart du temps ce ne sont que des tirailleries de sentinelles, on revient se coucher sur son manteau, pour se relever un instant après. Je suis chef de secteur à plus de 1400 mètres d'altitude, avec une zone étendue à surveiller, la responsabilité de cent cinquante hommes, et l'ennemi tout près qui nous harcèle et que nous harcelons bien plus encore.

Avant-hier, j'ai eu pour mission de reconnaître un village assez fortement occupé par l'ennemi, d'en évaluer les forces et de me rendre compte de ses moyens de défense. Nous sommes partis à 5 heures du matin, par un brouillard à couper au couteau. Nous sommes arrivés à 7 heures sans avoir été vus.

J'ai pris mes dispositions de combat, posté une partie de ma troupe en arrière pour me protéger lorsqu'il faudrait repartir, ma mission remplie, et avec une vingtaine d'hommes, en avant ! A quarante mètres, une sentinelle m'aperçoit, me tire son coup de fusil, me manque. Je l'ajuste à mon tour, et pan ! il fait la culbute ! Pauvre diable ! Nous nous précipitons. Les Boches sortent de tous côtés, surpris, en désordre. Nous en abattons une dizaine. Je me rends compte de ce que j'avais à voir. Le clocher était occupé par des tirailleurs allemands qui nous tirent dessus en pure perte. Puis je m'en vais, battant en retraite. Les Allemands étaient au moins quatre cents. Ils se lancent à notre poursuite, mais si lentement que j'ai le temps de me replier sur une excellente position bien dissimulée et dominant l'ennemi. Celui-ci tire sur nous pendant deux heures. Nous fumons des pipes, bien abrités sur les crêtes et de temps en temps nous leur plaçons un bon feu de salve bien ajusté. Ils ne tardent pas à s'arrêter, et je peux, à 11 heures, me retirer tranquillement, n'ayant que trois blessés que, bien entendu, j'emmène avec moi.

Voilà ma vie. Si elle a ses fatigues et ses dangers, elle a ses plaisirs un peu âpres, j'en conviens, mais dont la rude saveur finit par nous enivrer. Cette existence d'avant-postes est d'ailleurs trop fatigante pour les hommes pour durer longtemps, et nous allons être relevés dans quelques jours.

J'ai avec moi des téléphonistes, dont deux sont parisiens. L'un est garçon à la buvette du Palais de Justice. Est-ce curieux de se retrouver ainsi ! Ils sont très drôles, et ne s'occupent, en dehors de leur service, qu'à établir entre eux le programme des réjouissances auxquelles ils se livreront en rentrant à Paris. Chacun d'eux doit en faire plus à lui seul, comme ripaille et comme noce, que dix Gargantuas et un escadron de hussards. Quels grands enfants ! Enfin ce sont des chansons comiques et l'un d'eux, épicier à Paris, cuisine de petits plats exquis, dont je me suis aujourd'hui régalé à midi. Vous voyez que nous avons nos bons moments et que nous ne sommes pas à plaindre.

Mes braves chasseurs continuent à bien faire leur devoir. Évidemment ils aimeraient mieux être chez eux et attendent avec un peu d'impatience que la paix arrive. Mais ils sont disciplinés, et tous veulent, avant tout, la victoire de la France et l'écrasement de « ces cochons de Boches ». Leur vie est pénible. Les heures de faction, la nuit, au milieu d'un bois, tout proche de l'ennemi, sont, au moral comme au physique, un service très dur. Ils acceptent tout sans murmurer. Je les aime bien et ils me le rendent. C'est un plaisir pour moi de causer avec eux, d'écouter leurs histoires naïves, le récit de leur vie, de leurs joies comme de leurs peines. Pour la plupart ce sont des Auvergnats. Un ou deux sont très drôles, et je ris aux éclats en les écoutant. Parfois un récit est interrompu par l'appel des sentinelles. Tout le monde saute sur son fusil, puis, le calme revenu, on reprend l'histoire et on allume une nouvelle pipe.

Ne grondez pas pour le tabac ! Quelle distraction et quelle compagnie ! Le soir tombe vite, il fait nuit à 5 heures et les ténèbres ne se dissipent guère qu'à 5 heures et demie ou 6 heures. Durant ces treize heures d'obscurité, de veille, d'inquiétude, le tabac est à la fois un réconfort et un apaisement. Il vous réchauffe, vous empêche de vous énerver, et pour mes hommes j'aime à les voir allumer leurs pipes ; je suis sûr qu'ils seront plus tranquilles et plus maîtres d'eux-mêmes. Je me souviens qu'en Lorraine, où les allumettes étaient rares, on rampait dans les tranchées pour allumer sa pipe à celle d'un camarade, et on aurait risqué quatre-vingts obus pour un paquet de tabac.....

A Mademoiselle Charlotte Marbeau.

26 octobre 1914.

..... Je voudrais bien vous raconter des choses amusantes, de belles histoires affectueuses et gaies, mais aujourd'hui cela m'est impossible, et comme je vous aime beaucoup, je vous donne la plus grande preuve de tendre amitié, c'est de venir bavarder tristement avec vous, en vous racontant tout ce qui aujourd'hui assombrit ma vie. Un de mes amis, l'autre lieutenant de ma compagnie[1], a été tué hier à mes côtés. Nous étions partis ensemble une demi-heure auparavant, au pas gymnastique, vers un bois où il y avait une vive action engagée. Avant de partir il avait fait des recommandations à son ordonnance pour le cas où il serait tué, et je le plaisantais tout en courant, et nous riions ensemble. Quelques instants après il tombait à mes côtés, la tête traversée. L'avant-veille j'avais été également attaqué très violemment dans un petit poste où je me trouvais seul avec ma section. Un de mes chasseurs a eu la jambe brisée au début de l'action ; j'entendais ses plaintes, et im-

---

1. Le lieutenant Conte, tué au combat du Sudelkopf.

possible de sortir de nos positions où nous nous battions un contre cinq, sous une fusillade furieuse. Et le frère du blessé était près de moi, qui tirait avec calme et sang-froid, tout en pleurant. Tout cela, ma pauvre Charlotte, me fait l'âme un peu lugubre. Enfin, comme consolation, les Allemands ont toujours été repoussés avec des pertes sensibles. Mais que d'horreurs la guerre amène avec elle ! Il faut les avoir vécues pour les connaître. Le danger que je cours m'est égal, et plus les balles sifflent, plus je fume ma pipe avec tranquillité. Mais quand, après le combat, je vois le corps d'un ami ou d'un de mes chasseurs, patatras, c'est le déluge, et je me cache pour pleurer dans un coin. Je crois que j'aimerais mieux être frappé moi-même.

Mais voilà assez de lugubres récits. Vous allez en être toute attristée, et certainement, quand vous serez cacochyme, vous ne voudrez plus relire ces funèbres histoires, et comment pourrez-vous alors vous souvenir de votre beau-frère et de toute l'affection qu'il vous portait ?

Je vous écris de chez un curé où mon capitaine est logé. Il y a une salle de bains, et dans un instant je vais prendre un bain, le premier depuis plus de deux mois. Quelles délices ! et il faut faire la guerre, coucher habillé durant des semaines pour connaître les inexprimables félicités du costume du Paradis terrestre. C'est évidemment un grand châtiment que d'être privé par la faute de nos premiers parents de cette aimable simplicité dans le costume.

A ses parents.

26 octobre 1914.

..... Je rentre à l'instant des avant-postes où je dois retourner demain soir. Nous avons dû depuis une dizaine de jours fournir une série de petits combats assez fatigants et meurtriers. L'autre lieutenant de ma compagnie a été tué hier à mes côtés. Nous couchons sur le terrain environ deux nuits sur trois avec obligation d'être constamment sur le qui-vive, harcelés ou harcelant sans cesse l'ennemi. Mes chasseurs se sont tous bien comportés. Samedi, j'ai été attaqué très vivement. Je n'avais à cet endroit que vingt hommes avec moi et nous avons si bien résisté que l'ennemi très supérieur en nombre s'est retiré au bout d'une heure. Hier, à l'aurore, violente fusillade dans la forêt. Il y avait des rafales de balles. Malgré cela nous avons avancé pas à pas et finalement enlevé la crête où se trouvaient les Allemands...

..... J'ai déjeuné l'autre jour avec le capitaine de Beylié, mon ancien camarade de Grenoble. Il va fort bien. C'est au physique le plus élégant et le plus charmant capitaine d'artillerie qui se puisse voir. En même temps c'est un officier tout à fait remarquable. Il y a quelque temps il a répondu avec une seule pièce au feu de toute une grosse batterie allemande et il l'a fait avec un sang-froid, un courage, une habileté et une précision admirables...

Au capitaine André Dubarle.

26 octobre 1914.

..... Depuis quelque temps, je suis aux avant-postes, en contact constant avec l'ennemi, couchant sur le terrain, attaqué ou attaquant sans cesse. J'ai vu tous ces jours-ci la mort de bien près, dans des engagements courts, violents et meurtriers, où l'on se tire dessus à moins de cent mètres, et où un chef, obligé de se déplacer constamment, est particulièrement exposé.

Mes chasseurs se sont admirablement comportés, tenant contre un ennemi très supérieur, pleins de calme, et marchant sous des rafales de balles dans des pentes boisées, sans la moindre défaillance. L'ennemi d'ailleurs a toujours été repoussé...

..... Je trouve dans la volonté de faire mon devoir la force d'affronter la mort avec beaucoup de calme. Sous le feu le plus enragé, je regarde ma ligne de tirailleurs, je déplace mes escouades, et quand une balle qui m'est destinée se contente de me frôler, eh bien, tant mieux et en avant, mes enfants !

Ceux qui paraissent ces jours-ci devant Dieu auront assez souffert et assez héroïquement sacrifié leur vie pour qu'ils soient tranquilles. Je t'assure que je n'ai de ce côté aucune alarme.

Si tu ne devais plus me revoir, dis-toi que je serais mort joyeusement et dans la plus grande sérénité, même si je dois attendre la mort, étendu sur le champ de bataille, plusieurs heures après avoir été blessé.

Mais d'ailleurs je compte bien que ces tristes hypothèses ne se réaliseront pas, et j'espère avec la plus ferme confiance que nous nous retrouverons tous vers Pâques.

Nous allons avoir de durs mois à passer. Le tout, c'est de savoir résister à la fatigue physique du froid, de la lassitude, et de toutes les épreuves quotidiennes indéfiniment répétées, qu'amène la guerre.

Mon capitaine est mon camarade Lavauden ; il est très courageux et est parfait pour moi, — ainsi ma vie militaire est agréable. Notre commandant est un officier de l'active tout à fait allant et gentil. Nous sommes également sous les ordres du commandant du 15ᵉ chasseurs qui commande le secteur. C'est un vrai militaire...

A bientôt, j'espère.

A Madame Jacques Salats.

4 novembre 1914.

..... Pourriez-vous me rendre un petit service ? J'aimerais avoir un ou deux livres que je puisse lire, prendre ou reprendre pendant une demi-heure ou une heure. Donc il me faudrait un ou deux classiques. Je vous cite les *Pensées* de Pascal, *Adolphe* de Benjamin Constant, les *Poésies choisies* de Verlaine, l'*Allemagne* de Mme de Staël. Enfin, vous voyez ce que je désire, non pas un roman, mais une œuvre ou deux qui soient un petit réservoir où je puisse me débarbouiller l'esprit et l'imagination. Marie à Néris ne pourrait me trouver cela. J'ai déjà déniché un volume de Barrès, vous devinez avec quelle joie.

Je vous écris au galop, je vais bien et suis rentré avant-hier des avant-postes, pas fâché de me reposer un peu après dix-huit jours assez durs, où il fallait se battre le jour et veiller la nuit. Tout s'est bien passé, malgré hélas! quelques pertes inévitables dans nos rangs. Mes braves chasseurs ont été parfaits. Le 25 octobre au matin, violent engagement sous bois. Mes chasseurs sont à plat ventre en ligne, et on se fusille à cent cinquante mètres avec les Allemands. J'étais obligé de me déplacer sur la ligne de feu pour faire avancer les uns et commander le tir aux autres. A ce moment, comme j'étais visible, les balles me sifflaient aux oreilles. Un chasseur le remarque : « Il y a un Boche qui vous vise, mon lieutenant, attention ! » Et je vois un tireur allemand, à genoux derrière un arbre, à cent mètres environ, très bien dissimulé. Je le montre à mon chasseur. Il le voit. Première balle, rien. Deuxième balle, rien. Toujours les mêmes coups de fusil dont les projectiles me frôlent de si près que j'en suis presque étourdi. Enfin troisième balle, et je vois mon brave chasseur qui se dresse sur les genoux et agite ses bras avec exaltation : « Ça y est, mon lieutenant, ça y est ! le cochon de Boche est dégringolé ! » Il était tellement heureux qu'il se découvrait tout entier et je n'eus que le temps de le prendre par les épaules et de le jeter par terre. En effet l'Allemand en question était le nez dans la poussière, et j'ai été ensuite un peu plus tranquille. Mon brave petit chasseur m'avait vraiment sauvé d'un danger réel, et il en riait et pleurait tout ensemble, sans faire attention à la fusillade qui faisait rage.

A son père.

6 novembre 1914.

..... Nous sommes rentrés des avant-postes lundi soir 2 novembre après un dernier adieu à la petite tombe fleurie, paisible et obscure où dorment nos chasseurs et mon pauvre camarade. Vraiment, à voir, le jour des Morts, ce petit cimetière d'Alsace groupé autour de l'église, et nos chasseurs défilant les larmes aux yeux devant nos chers morts, je ne pouvais plaindre ceux qui étaient partis si vite. Quelle belle mort, rapide, sans souffrance, en pleine action et en plein sacrifice !...

J'habite maintenant une charmante petite cahute à près de 1 200 mètres d'altitude...

Ne dites pas de mal de ma pipe. Elle a été pour moi une compagne silencieuse, modeste et exquise. Quand le feu de l'ennemi devient trop vif, je l'allume paisiblement et mes chasseurs rient, et rien que cela leur donne plus de courage et leur rend confiance. Pensons toujours au but poursuivi, à la victoire décisive, le reste est si peu de chose ! C'est le meilleur moyen d'avoir le cœur en joie.

A sa femme.

6 novembre 1914.
Sommet du D...[1]

..... J'ai reçu hier vos lettres du 20 août et du 28 octobre. Agréable mélange qui m'a rendu deux fois heureux. Même vos lettres d'il y a deux mois me font plaisir. C'est toujours un peu de vous qui m'arrive.

Ma compagnie a été relevée des avant-postes lundi, et nous avons au moins une semaine pour souffler. J'avoue que je n'en suis pas fâché, car je commençais à être un peu fatigué de coucher dehors, par des nuits de brouillard glacé, sans une minute de repos ni jour, ni nuit. Nous avons été en contact constant avec l'ennemi, mais nous

1. Drehkopf, au-dessus de Kruth.

l'avons si bien reçu qu'il est toujours parti plus vite qu'il ne le voulait, abandonnant des morts, des munitions.

Ma compagnie a été citée à l'ordre du jour. J'ai été félicité publiquement par le commandant du bataillon et le colonel qui commande la brigade.

Je vais à merveille, donc pas d'inquiétude. Une seule tristesse, c'est mon pauvre camarade, tué d'une balle à mes côtés, le 25 octobre au matin. Nous l'avons enterré dans un petit cimetière d'Alsace, paisible et fleuri ; le 2 novembre nous avons défilé devant sa tombe et devant celles de nos chasseurs tués. Il faisait une journée printanière et douce, si paisible et si pleine de chrysanthèmes que j'oubliais la guerre et l'horrible réalité au milieu de laquelle nous vivons. Si ce n'avait été vous, j'aurais envié ces morts, maintenant si calmes, qui se reposent pour toujours, après avoir connu la plus noble et la plus enivrante des fins. Comme Dieu doit accueillir avec tendresse toutes ces âmes qui montent chaque jour vers lui par milliers, et comme le sang versé doit laver ces pauvres consciences des taches que la vie y a imprimées !

Voici ce que j'ai fait depuis le début de la guerre. Je suis parti de Grenoble le samedi 21 août. J'étais ivre de joie. Le dimanche je rejoins mon bataillon, le mardi 24 nous débarquons à Thaon, dans les Vosges, pour aller renforcer le 8ᵉ corps d'armée qui arrive de Lorraine où il était allé se briser follement contre Sarrebourg. Nous marchons au canon qui tonne de toutes parts. Je suis comme grisé de la bataille qui se prépare, de ma vie que je sacrifie joyeusement, de l'émouvante exaltation de mon premier combat.

Sur la route, longs convois de paysans qui fuient devant les Allemands.

Le soir je suis aux avant-postes, seul dans la nuit noire, sous la pluie qui se met à tomber. Je grelotte de froid, mais je me sens aussi calme, aussi résolu qu'à la première heure. Je patrouille toute la nuit. Mes braves chasseurs sont assez affaissés.

Le lendemain nouvelles médiocres; marches et contre-marches, tout le jour, sous un soleil d'orage accablant. A 5 heures, ordre d'attaquer un village. Je dois partir à l'extrême droite le long de la route et attaquer à revers. J'ai un instant d'émotion. Il y a une longue plaine arrosée d'obus et où la fusillade fait rage. « Ordre idiot, me dit mon capitaine, c'est la boucherie. » — Tant pis, je prends la tête de ma section, je file le long du bois, je me colle avec mes hommes contre un talus, et nous avançons lentement. Pan! Pan! Pan! de gros obus éclatent en se rapprochant. Je laisse mes hommes souffler une seconde et j'allume ma pipe. Nous repartons. Patatras! un obus éclate à deux mètres de nous. Tout le monde à plat ventre. La terre vole de tous côtés, mais aucun dégât : un homme est légèrement égratigné, un autre a son sac traversé, c'est tout. Des chasseurs à cheval, en patrouille sur la route, maîtrisent leurs chevaux.

Tout le monde se relève ; on se met à rire et à plaisanter.

A ce moment, nouvel ordre : Battre en retraite. Je me retire, rejoins ma compagnie, nous cheminons sous bois. Un officier allemand est fait prisonnier. Il est livide de terreur et se jette à genoux devant un sergent en criant : « Grâce ! Grâce ! » Puis ma section est de nouveau détachée en protection du général. La nuit arrive et la pluie tombe à torrents. Conversation désolante avec l'officier d'ordonnance. Il est très pessimiste. Les nouvelles générales sont mauvaises. Accablement moral.

A 9 heures, le général s'en va et me voilà seul dans la nuit. Je rassemble mes hommes. A 11 heures, je découvre un village déjà bondé de troupes. J'enfonce une porte et nous couchons tout trempés dans une espèce de cave humide. Nuit sans gaieté. Le lendemain, pas de vivres. Marche éreintante sous bois. Nous traversons sous une pluie d'obus un champ rempli de cadavres, les premiers que je vois. C'est très impressionnant. Un blessé m'appelle ; il est là depuis trois jours. Je le fais relever et soigner, et le voilà qui rit comme un pinson et qui déjà oublie tout. Toute la journée, duel d'artillerie, nous sommes dans un repli de terrain, les obus français et allemands se croisent sur nos têtes. Tout le monde est fourbu. Le lendemain nous sommes massés dans une forêt. A 1 heure ordre d'en sortir pour attaquer. Une grêle d'obus. Trois morts et trente blessés. Nous voilà cloués sur place jusqu'au soir. Le village en question (Magnières) est furieusement canonné par nous, et nous assistons en témoins paisibles à ce spectacle vraiment passionnant. Nuit aux avant-postes. Pluie torrentielle. Je suis trempé comme un rat. Le jour suivant et pendant douze jours encore nous occupons des tranchées en avant de Mattexey. Nous sommes copieusement canonnés, sans grand dommage. Il fait beau temps. Je dors comme une souche et mes hommes aussi, sans même songer aux obus.

Ceci fut notre vie pendant dix jours avec, de temps à autre, de petites attaques, puis, de nouveau, l'attente dans les tranchées sous les obus. Ce qu'il y a eu de plus pénible pour moi, dans cette période de campagne, ce fut l'affaissement moral produit par les nouvelles de la guerre. On ne savait rien de précis, mais les plus mauvaises rumeurs couraient de tranchée en tranchée, et quel découragement d'attendre la mort, immobiles, sans voir l'ennemi, sans avoir le réconfort de la victoire ! Ajoutez à cela le manque de sommeil. L'air était empoisonné par la décomposition des cadavres qui répandaient partout une odeur épouvantable. Enfin, peu de chose à manger, à cause de la difficulté de faire des feux pour cuire la soupe. Heureusement que le 4 septembre nous partions pour l'Alsace, où nous avons mené une vie plus reposante. Maintenant tout va à ravir.

On finit par s'habituer au spectacle des morts et

par ne plus y faire grande attention. Le plus douloureux, ce sont les blessés qui gémissent et appellent. Le 25 octobre, au début du combat, un soldat du train a été blessé mortellement au ventre. Pendant plus d'une heure il a appelé. Chaque fois que, me déplaçant sur la ligne de feu, je passais devant lui, il tendait les mains vers moi. « Mon lieutenant, mon lieutenant, ayez pitié de moi ! » Et rien à faire hélas ! à de pareils moments. Il faut songer aux vivants et repousser l'ennemi. Mais j'avais ensuite le cœur déchiré...

9 novembre 1914.

..... Depuis ma dernière lettre nous avons encore changé de place, et nous voilà revenus aux avant-postes, mais dans des conditions moins pénibles et moins dangereuses qu'au début. Nous attendons avec impatience les nouvelles, et nous espérons toujours la victoire finale. Mais dans combien de temps ?

. . . .

Il faut aimer son pays, mais ce n'est pas une raison pour haïr les autres et ne rêver que massacres. L'autre jour, quand j'ai dégringolé mon Boche, j'étais fort satisfait, d'abord parce que le pauvre diable avait cherché à me tuer, ensuite parce que c'était pendant le combat. Mais quand, le combat fini, je vois des cadavres allemands, j'éprouve toujours de l'émotion et de la pitié. Notamment, il y a quelque temps, j'ai ainsi vu le cadavre d'un sous-officier allemand tué la veille, d'une pâleur de cire, couché sur le flanc, avec un visage juvénile et charmant. Je n'ai pu m'empêcher d'exprimer ma compassion, au grand étonnement d'un sergent qui m'accompagnait et qui contemplait ce cadavre (c'est lui qui l'avait tué la veille en embuscade) avec la joie la plus paisible.

..... Il est bon que, de temps en temps, l'officier, surtout quand aux avant-postes il mène la même vie que ses soldats, se mêle un peu à ses hommes, apprenne à les connaître, pénètre leur existence, s'intéresse à ce qui les intéresse. Il y a un bénéfice pour le chef, en contact plus intime avec ses hommes, en même temps qu'il peut d'un mot rectifier une idée ou réfuter une erreur. Mais il est évident que le chef ne doit jamais, par une camaraderie déplacée, amoindrir son autorité. Chacun m'obéit sans broncher parce que chacun sait que je ne répète pas deux fois un ordre et qu'il faut m'obéir sans murmurer. Jamais je ne crie, ni ne punis. C'est complètement inutile pour faire subir son ascendant, et ma section est certainement la plus disciplinée de la compagnie. Le chef de bataillon m'en faisait encore compliment hier en me disant : « Ce sont vos chasseurs qui sont les mieux tenus et qui saluent le mieux. » Vous pensez si j'étais content !

Il fait aujourd'hui un temps délicieux, frais, doux, voilé. Que l'automne est donc exquis dans ces montagnes, et comme cette température charmante et ce délicat soleil sur les forêts vertes et rouges semblent le contraire des sauvageries de la guerre ! Décidément Rousseau avait-il tort quand il exaltait la nature et l'opposait à la méchanceté de l'homme ?

On a arrêté ce matin un espion que je viens d'interroger, car je suis l'interprète du bataillon. Il y a quelque temps on avait arrêté aussi un suspect que l'on ne voulait d'ailleurs nullement fusiller, car nous sommes d'une douceur presque excessive. Je n'ai jamais rien vu de plus épouvanté, de plus solennel, de plus grotesque. Il me demandait un prêtre, il voulait me confier son alliance pour la faire remettre à sa femme, plus une longue lettre d'adieu écrite à cette épouse chérie dans l'allemand le plus ampoulé et le plus pathétique. Ce n'était qu'invocations à l'amour, à Dieu, au revoir dans l'Éternité, tout un affreux charabia sentimental, religieux, amoureux. Je l'ai envoyé promener avec son prêtre, son alliance et sa lettre. Je lui ai fait donner une tasse de café, car il était trempé et grelottant. Puis je lui ai dit d'un ton sec : « Vous n'avez pas à avoir peur, nous ne sommes pas des Allemands et nous n'assassinons personne. » Il a été expédié en France pour la durée de la guerre.

13 novembre 1914.

..... J'ai été en effet bien ému de la mort de mon pauvre camarade. C'était un sous-officier nommé récemment officier. Il était de l'active, était marié et avait trois enfants. C'est à 7 heures que nous avons été prévenus que les Allemands attaquaient toute notre ligne d'avant-postes. J'étais en réserve dans un village à vingt minutes de la crête où étaient nos petits postes.

Me voilà parti au pas gymnastique avec mon pauvre camarade. « Avez-vous déjeuné, me disait-il ? — Non. — Moi non plus, mais nous aurons plus faim à 11 heures ». Au bout de dix minutes, nous pénétrons sous bois, et une fusillade furieuse nous accueille. Un pauvre soldat du train, parti comme volontaire, est frappé au ventre et agonise sur le sentier avec des supplications déchirantes. Je jette mes hommes à gauche, à plat ventre ; en rampant, nous gagnons un petit repli de terrain, et en avant la fusillade. Les balles étaient comme une pluie pressée. Je trottais tout le long de ma ligne de tirailleurs ; mon camarade faisait de même. A un moment, j'entends un bruit juste contre moi, je me retourne et vois un corps qui bascule, tombe la tête en bas sur la pente du bois ; la figure était inondée de sang, et un léger souffle soulève un instant ce masque rouge qui m'empêche de reconnaître mon camarade. Je grimpe au sommet de la section, et ce n'est qu'une vingtaine de minutes après en redescendant que je reconnais le visage du mort. Comme les coups de fusil claquaient de tous côtés, je n'ai dû songer qu'à mon devoir.

A 11 heures, l'ennemi avait fui. Je m'installe sur

le terrain, j'y couche et c'est le lendemain, en rentrant au village, que j'ai senti mon chagrin. L'ordonnance du lieutenant m'accueille avec des yeux tout gonflés (le pauvre garçon sanglotait depuis la veille sans arrêt), je vais au cimetière où déjà reposait le corps de mon ami, et me voilà à mon tour bouleversé. Enfin, c'est l'horreur de la guerre, que l'on saisit mieux sur un petit détail que sur l'ensemble d'une bataille, où l'immensité de l'épouvante et de la tristesse dépasse et accable trop notre esprit pour que nous puissions nous en rendre un compte exact. Mais il faut avoir vu tout cela pour savoir ce qu'est la guerre, son effroyable barbarie, et pour aimer la paix.

Pour le moment, je suis au calme. Avant-hier, petite reconnaissance ; il faisait une journée limpide et d'une douceur divine. J'ai été tout le jour en avant-garde au milieu de bois infestés d'ennemis. Les coups de fusil partaient de tous côtés. Un lieutenant qui nous accompagnait et assistait pour la première fois à ces dangereuses petites marches sous bois était assez ému, surtout lorsqu'aux premiers coups de fusil j'ai emmené tout mon monde tambour battant au milieu d'un bois épais, tirant, puis faisant un bond en avant, puis retirant jusqu'à ce que le bois soit fortement occupé par mes hommes. Mon camarade m'a avoué le soir qu'au début il avait été épouvanté de me voir ainsi me précipiter vers l'ennemi. Mais après, il a reconnu que j'avais bien fait de bousculer l'adversaire, moins

nombreux que nous, avant qu'il ait pu s'établir solidement. Nous n'avons eu qu'un blessé à la compagnie et deux morts seulement dans l'ensemble
du bataillon, plus une dizaine de blessés, dont un
officier que sa femme était venu voir et dont je vous
parle plus loin. Les petites opérations dans l'inconnu, avec un ennemi qui peut vous guetter et
vous abattre à chaque instant, sans qu'il y ait moyen
de se défendre, sont assez impressionnantes. En
rentrant le soir, j'étais épuisé et j'ai dormi douze
heures sans broncher, d'autant plus que la nuit
précédente, je n'avais dormi que deux heures.....

L'autre jour, la femme d'un de mes camarades
est venu voir son mari sans le prévenir. Je vois
cette jeune femme dans une auberge où je devais
passer la nuit. Je la prends pour la patronne et je
lui dis de me montrer ma chambre. Elle me déclare
qu'elle ne sait pas où elle est. Un peu plus, j'allais me mettre en colère Heureusement que la vraie
patronne est arrivée. Quelques heures après, mon
camarade me présentait sa femme dans la petite
jeune femme que j'avais d'abord prise pour la
patronne. Il était ému et furieux. Elle avait amené
sa fillette âgée de quinze mois depuis Lyon. Quelle
folie ! Il y avait un vieux lieutenant qui lui répétait : « Madame, si ma femme avait fait cela, je lui
aurais dit : « .Va-t'en ! » Et la pauvre jeune épouse
ne savait si elle devait rire ou pleurer. J'étais de
l'avis du lieutenant : nous sommes à un moment
où nous ne devons penser qu'à notre devoir.

Je suis logé chez de braves paysans alsaciens. C'est là que je fais la popote et nos ordonnances et cuisiniers sont au mieux avec toute la maison. Ils ne disent pas un mot d'allemand. Eux ne prononcent pas un mot de français. Il faut les entendre causer malgré tout. C'est à mourir de rire, chacun cherche à parler la langue de l'autre et c'est une joie générale qui retentit dans la maison. Vraiment le caractère français est charmant.

Dans tout ce pays d'Alsace nos troupiers n'ont pas dérobé un fruit à un arbre. Ils font bon ménage avec la population, d'abord craintive et méfiante, et qui maintenant les adore. Déjà les petites mioches baragouinent un peu de français et quand nous passons dans la vallée ils nous font le salut militaire et crient : « Fife la France. » Quant aux jeunes filles, les curés se lamentent et tonitruent, paraît-il, sur l'accueil trop aimable qu'elles réservent à nos troupiers.

L'autre jour, aux avant-postes, visite du colonel qui commande la brigade. C'est le jour où j'ai été félicité devant mes chasseurs. « Vous êtes de l'active, n'est-ce pas, lieutenant ? — Non, mon général, je suis de la réserve. — Vraiment ? vous avez l'air si jeune que je ne puis croire que vous soyez de la réserve! » On ne peut guère être lieutenant de réserve avant vingt-huit ans. Vous voyez si j'étais fier! Allons! Espérons que je ne serai pas trop démoli à mon retour.....

A Madame Edouard Marbeau.

14 novembre 1914.

..... Les Allemands ont amené quelques canons qui font un bruit terrible et ridicule et n'arrivent qu'à casser des vitres ou à incendier d'inoffensives masures. Notre vie n'en est guère troublée. Nous attendons impatiemment l'heure de pousser en avant et d'occuper toute cette plaine d'Alsace qui s'étend à nos pieds, et que demain, je l'espère, nos efforts, et s'il le faut, notre sacrifice, rendront pour toujours à la France.

Le temps est devenu affreux, avec vent, pluie, neige, toute la lyre. Mais cela doit gêner plus les Allemands que nous, à cause de leurs gros canons difficiles à manœuvrer dans des terrains détrempés. Nous avons eu, il y a trois jours, un nouveau petit combat sous bois. J'étais d'avant-garde, avançant dans une forêt infestée d'ennemis, conduit par un petit espion en qui je n'avais guère confiance et auquel je promettais en moi-même mille fois une bonne balle dans la tête s'il me faisait tomber dans un guet-apens. J'en ai été pour mes jugements téméraires. Ce sont les Allemands que nous avons surpris au lever du jour. Leur sentinelle, épouvantée en nous voyant, m'a lâché un coup de fusil qui a passé au moins à dix mètres au-dessus de ma tête. Avec ma section, je me suis précipité, et les

Allemands bousculés ont lâché pied, nous abandonnant trois cadavres. Toute la journée, nous nous sommes tiré dessus ; ils cherchaient à nous surprendre avec un réel courage, je le reconnais. Mais nous faisions bonne garde et les recevions chaque fois avec tant d'ardeur, que je les voyais détaler à toutes jambes à travers bois.

C'est le seul incident notable de mon existence. Les nouvelles continuent à être bonnes. Sachons être patients et nous réjouir en comparant la situation de la France aujourd'hui et celle de notre malheureux pays à la même date en 1870. Comme le disent les Japonais, la victoire sera à celui qui saura souffrir un quart d'heure de plus. Je suis convaincu que nous aurons cette force de résistance, calme et joyeuse. Si ce n'est pas pour Pâques, ce sera pour plus tard. Qu'est-ce que six mois de plus ou de moins, comparés au destin de notre pays ?...

A sa femme.

20 novembre 1914.

..... J'ai repris depuis lundi les avant-postes à 1.046 mètres d'altitude. Froid glacial (— 8°) la nuit, mais nous avons une petite baraque, un poêle et on arrive à ne geler qu'à moitié. Aux avant-postes, calme absolu. La neige et le gel clouent tout le monde sur place. Devant les souffrances physiques, comme on oublie ces haines factices de la guerre, et comme on sent que nous sommes tous faits de la même chair périssable ! La nuit, impossible de dormir. Toutes les heures, il faut relever les sentinelles, ce qui ne se fait pas sans un certain bruit de ceux qui rentrent. Ensuite ce sont les rondes. Vers le matin, le froid devient glacial, et si l'on n'est pas contre le feu, les pieds gèlent.

Nos chasseurs se racontent force histoires ; il y a de beaux parleurs avec leur cercle d'auditeurs et le concert de rires aux mêmes plaisanteries vingt fois entendues. Là-dessus ma voix, un peu sèche et coupante : « Silence ! une heure de faction supplémentaire à celui qui rira trop fort. » Et les gros rires s'atténuent. Moi-même je m'amuse et les longues nuits d'hiver paraissent plus courtes.

Ce n'est pas pour le moment que je vais reprendre ce que vous appelez « le cours de mes exploits », exploits qui n'ont rien eu de bien héroïque ; je n'ai fait que mon devoir, tranquillement, sans m'affoler ni avoir peur. Il n'y a rien là qui doive vous étonner, je l'espère, mais rien non plus qui doive nous rendre bien orgueilleux.

Combien de temps cela va-t-il durer ? Je ne sais. Mais il est bien à croire qu'il n'y aura pas d'action générale en Alsace tant que le Nord ne sera pas déblayé complètement.

Les lainages me sont arrivés avant-hier. J'ai fait distribuer tout cela à ma section. Mes chasseurs ont poussé des cris de joie, tout en célébrant les mérites de ma « belle-mère », qui jouit ici de la plus éclatante renommée.

Le mauvais temps continue : pluie, neige, vent glacé, c'est l'hiver. Heureusement que je suis admirablement équipé.

Ma santé est excellente. Plusieurs d'entre nous sont devenus gras comme des moines. Mon ordonnance éclate dans sa peau. Quant à notre cuisinier, maigre comme un coucou, il y a deux mois, il est devenu comme un tonneau. Il est vrai qu'il reste souvent au logis tandis que nous marchons au feu. D'une façon générale, l'état sanitaire est excellent. Mais combien de ceux, qui aujourd'hui sont pleins de vie et de santé, seront demain peut-être frappés par la mort! Enfin, nous n'y pouvons rien. Quelle effroyable responsabilité pour ceux qui déclanchent de pareilles horreurs !

Il fait nuit et dehors le vent souffle avec rage, nous apportant un tourbillon de neige. Mais c'est mon jour de repos. Je suis dans une salle bien chaude ; des chasseurs jouent aux cartes à côté de moi.

La mort de mon pauvre ami Peignot [1] m'a fait beaucoup de peine. C'était une nature si chaude, si enthousiaste, si heureuse de vivre. Quel affreux malheur et comment songer sans frémir à tant de familles anéanties !...

1. André Peignot, capitaine au 43e régiment d'infanterie coloniale, tué le 25 septembre 1914, près de Péronne.

A Monseigneur Marbeau.

21 novembre 1914.

Je vous remercie de votre lettre, reçue aujour-d'hui, et de vos affectueuses félicitations. Je n'ai fait que mon devoir, bien modestement, et j'espère que jusqu'au bout j'aurai la force de l'accomplir.

Je suis de nouveau aux avant-postes, où notre plus terrible ennemi, c'est le froid. Heureusement que nous avons reçu des quantités de paquets : tricots, cache-nez, et mes braves chasseurs pourraient affronter la Sibérie.

Je n'ai pas besoin de vous dire tous les vœux que je forme pour votre 71ᵉ année. Vous l'abordez avec tant de vigueur physique que, j'en suis sûr; pendant longtemps, vous pourrez accomplir encore avec la même vaillance, jeune et indomptable, votre grande mission de Français et d'Évêque.

Puissions-nous, l'an prochain, être tous réunis pour fêter votre 72ᵉ année et puisse ce nouvel anniversaire être rendu plus joyeux encore par le triomphe définitif de notre cher pays.

A Mademoiselle Charlotte Marbeau.

26 novembre 1914.

Je vous ai écrit, en réponse à vos cartes, une lettre si lugubre qu'il me semble que je vous en dois une autre. Et comme vous m'avez dit que cette lettre devait servir à réjouir vos vieux ans, je ne veux pas que, dans quelque soixante ans, vous puissiez vous imaginer que votre beau-frère était un saule pleureur et qu'il faisait la guerre avec un mouchoir sur les yeux.

Aujourd'hui les tristes pensées qui m'assaillaient il y a un mois, au lendemain de la mort de mon pauvre ami, se sont un peu effacées. J'ai été relevé hier des avant-postes. Je me porte à merveille ; les nouvelles de la guerre sont bonnes ; enfin, en vous écrivant, je me sens un peu près de vous. C'est pour vous dire que je suis tout à la joie et que je peux vous envoyer des nouvelles enveloppées dans une bonne provision de gaieté.

Je vous écris de l'intérieur d'une modeste maison de paysans alsaciens. A côté de moi, il y a le mioche de la maison, qui s'essaie à épeler ses premiers mots de français. Il tire une langue d'un pied et demande à son nez de fréquentes inspirations. Je joue le rôle de père de famille ; je lui donne une petite tape sur les doigts, je lui explique le sens des mots qu'il ne peut comprendre. Et alors il se lève tout droit, et avec un bon accent d'Alsace, il me dit : « Merci, monsieur l'officier ».

Et dire que le père de ce petit bonhomme est dans l'armée allemande, et que nous nous tuerons peut-être l'un l'autre demain ! Cela ne m'empêche pas de faire le meilleur ménage avec la famille et chacun oublie les cruelles réalités au milieu desquelles nous vivons.

Il fait un temps très froid, la neige tombe, et les rues du village, toutes blanches et verglassées, sont de vrais casse-cou. Il faut entendre les artilleurs alpins glisser, pousser mille jurons en provençal (la batterie est de Nice), et promettre en fin de compte à Guillaume en particulier et aux Allemands en général les plus affreux supplices.

Pour le moment notre vie militaire est calme. Le mauvais temps rend toute expédition, à travers les bois et les pentes escarpées où nous vivons, assez difficile. On attend d'autre part que l'armée du Nord ait terminé ses opérations pour avancer de notre côté. Je pense qu'à ce moment l'occupation complète de l'Alsace et la prise de Strasbourg nous réserveront encore d'assez jolies distractions. En attendant, nous montons la garde sur nos positions, et de temps à autre, nous allons voir un peu ce que font les Allemands dans leurs taupinières, et les en déloger avec de bons coups de fusil.

Près des avant-postes il y avait une ferme où nous allions nous reposer un jour sur trois. Dans cette ferme se trouvait une petite jeune fille de dix-sept ans, couturière à Strasbourg, avec un petit visage puéril et chiffonné, vive comme un écureuil, alerte, gracieuse et charmante. Naturellement toute la compagnie était en émoi. Mais elle ne savait pas un mot de français et j'étais seul à parler allemand. Vous voyez ma supériorité. J'en ai usé d'ailleurs avec prudence et modestie. Un de mes sergents voulait l'épouser, mais elle trottait au milieu de tous nos troupiers enflammés, ravie en secret de tant d'hommages, et déclarait à ses soupirants qu'elle ne voulait pas se marier...

Nous avons reçu quelques renforts pour combler les vides causés par les derniers combats. Ce sont des recrues du Nord. Depuis deux mois ces pauvres garçons sont sans nouvelles de leurs familles et savent seulement que leurs villages ont été pillés et brûlés. Ils font pitié ! Ils étaient sans le sou, et nous nous sommes cotisés entre tous les officiers de bataillon, pour leur donner à chacun une petite somme d'argent.

Le général Joffre est venu avant-hier dans notre région. Toutes les nouvelles qu'il aurait laissé entendre sont excellentes, et il est, paraît-il, plein d'une confiance inébranlable dans le succès final.

. . . .

Le premier envoi de livres qui m'est arrivé avant-hier a été pour moi un événement considérable. J'ai surtout relu Pascal. J'aurais dix mille choses à vous dire là-dessus. Nous en parlerons après la guerre.

Le dîner est servi. Mon cuisinier me répète : « Mon lieutenant, la soupe va être froide ! » et il soupire avec désolation. Il y a aussi le chien de la maison, un petit basset d'une affreuse gourmandise qui aboie avec colère parce que je lui fais attendre les bons morceaux dont nous le gavons chaque soir.

Il est dressé sur ses pattes contre moi et a l'air de me rappeler sévèrement à l'ordre...

A Madame Hippolyte Adam.

28 novembre 1914.

Votre paquet m'est arrivé en même temps que votre bonne lettre qui me l'annonçait, et le tout m'a été également sensible. Les mitaines de Françoise, votre ceinture et votre cache-nez ont été les bienvenus. Ils m'ont trouvé aux avant-postes, et par conséquent je les ai tout de suite utilisés. Faut-il vous dire qu'ils m'ont réchauffé à la fois le corps et le cœur, et que la pensée que vous avez pris la peine de les tricoter vous-même me les a rendus plus précieux encore. C'était un peu de vous qui venait ainsi jusqu'à moi ; je pouvais vous associer plus étroitement encore à ma vie actuelle, et durant mes rondes de nuit, chaudement emmitouflé et ganté, je croyais sentir près de moi la caresse affectueuse des mains qui avaient travaillé pour moi. Avec le passe-montagne j'ai l'air d'un guerrier du moyen âge. Mon béret d'alpin par-dessus, je puis défier toutes les intempéries et braver l'ennemi.

Pour le moment je suis au calme, venant d'être relevé pour quelques jours et ma compagnie se trouvant au repos dans un petit village d'Alsace. Je suis logé chez des paysans, dans une maison très propre. Il y a toute une nichée d'enfants avec qui nous faisons le meilleur ménage du monde ; j'apprends à l'aîné ses premiers mots de français. Aujourd'hui drame. Le malheureux mioche a été surpris par sa mère en train de plonger ses doigts dans un pot de confiture et il a reçu de la main maternelle une bonne correction. J'ai été obligé de demander la grâce du pauvre petit. Il y a aussi une fillette de seize ans, à qui mon ordonnance, brave Auvergnat fort laid, vient de donner sa photo et lui explique « que les filles de chez lui le trouvent très joli » et il rit comme le tonnerre. La jeune Alsacienne, qui ne comprend pas un mot de français, ouvre des yeux ravis et admiratifs et a l'air de trouver mon alpin plus beau qu'Apollon.

Pendant ce temps le père de cette nichée est dans l'armée allemande, comme beaucoup d'hommes de ce village. Cela n'empêche pas les habitants de faire un excellent ménage avec tous nos troupiers, enchantés qu'ils sont de leur gaieté, en même temps que de leur douceur et de leur discipline.

Les Allemands, au contraire, se conduisent très brutalement avec la population d'Alsace. Ils ont l'autre jour incendié un village, méthodiquement, avec cette rage barbare et scientifique qu'ils mettent à ces opérations. Puis, le lendemain, ils faisaient placarder une affiche dans toute la région occupée par eux, disant : « Si les Alsaciens veulent savoir ce que leur réservent les Français, qu'ils aillent voir le village de ... brûlé hier par les chas-

— seurs alpins ». Charmant ! Mais « ça n'a pas pris »
pour employer le terme militaire. Tout le monde
a su quels étaient les auteurs de cette imbécile
destruction. Et peu de jours après, six soldats allemands, dont deux de la garde, en congé de convalescence, venaient à nos lignes pour se rendre.

Notre bataillon a adopté un petit bonhomme de
douze ans, dont les parents sont dans les lignes allemandes. Nous lui avons fait confectionner un bel
uniforme d'alpin, et il est plus fier qu'un roi.
Chaque jour il mobilise tous les gamins du village,
il leur apprend le salut militaire, à présenter les
armes, et dès qu'un officier passe, voilà toute cette
petite armée aux museaux sales et aux culottes
percées qui se met au garde-à-vous et présente les
armes sous le haut commandement de son jeune
général. Cela fait l'émerveillement public, et je
crois qu'il nous faudra peu de temps pour rendre
de nouveau complètement française cette population douce et paisible qui se courbait sous le joug
allemand, et qui maintenant se réveille et nous
appelle de tous côtés. Encore quelques mois de
patience et nous serons au bout de notre tâche...

Mon Dieu, que ce sera bon de vous retrouver
tous, et de nous revoir, après des mois si pleins de
tragique anxiété.

Merci encore de votre affection, et d'avoir ainsi
travaillé pour votre petit-fils. Dites-vous que vous
lui avez rendu un vrai service et fait un grand
plaisir.

A sa femme.

28 novembre 1914.

..... Au matin, dès le lever du jour, debout pour les avant-postes. Temps splendide et glacé avec un soleil superbe, tous les sommets des Vosges étincelants de neige et de lumière, et 10° de froid au thermomètre. A 8 heures, j'étais sur mon emplacement de combat, je dispose mes sentinelles, fais une patrouille dans les bois, puis je rentre me chauffer. Onze heures arrivent. Mon ordonnance m'apporte mon déjeuner. Le brave garçon n'a jamais l'air très rassuré lorsqu'il me rejoint dans ces positions avancées.

L'après-midi passe lentement; à 2 heures le ravitaillement m'apporte votre carte et deux journaux. Les Boches tiraillent un peu dans les bois. A 4 heures je mange la soupe avec mes hommes; pas mauvaise : un bouillon de viande et de légumes, du bœuf bouilli, du fromage et du café. Je grignote un peu de chocolat comme dessert. Jusqu'à 9 heures on fait cercle autour du feu, toutes les pipes fument avec ardeur. C'est le moment des histoires et des facéties que j'écoute gravement dans mon coin. Vers 9 heures, je m'étends sur ma paille, je me roule dans mon manteau, et je sommeille comme je peux. D'ailleurs on finit par s'habituer et par dormir là où d'autres ne feraient que grelotter. C'est la deuxième partie de la nuit qui est la plus longue. Vers 3 heures du matin le froid est beaucoup plus intense. De plus c'est souvent au lever du jour que les attaques se produisent. Le lieutenant est obligé d'ouvrir l'œil, de parcourir la ligne, d'observer et d'écouter. Enfin voici le jour. Pas trop tôt. Les cuisiniers nous apportent du café chaud et l'heure de la relève approche. A 8 heures la section qui me remplace est là et dix minutes après nous détalons tous, à un quart d'heure de là dans la ferme où nous nous reposons et où pendant vingt-quatre heures nous pouvons dormir, nous chauffer, écrire, et ainsi de suite pendant quinze jours. Après quoi nous allons au village pendant huit jours. Voilà mon existence ; vous pourrez ainsi vivre de plus près avec moi et me suivre dans ma vie guerrière.

A la ferme où je vous écris, il y a deux chiens. L'un doux et poli, du nom de Turco, qui caresse tout le monde et reçoit force flatteries et bons morceaux. L'autre est une chienne du nom de Maidie, hargneuse pour les étrangers, mais d'une fidélité passionnée pour ses maîtres. Elle ne quitte pas le seuil de la chambre de la fermière et lui prodigue toutes les marques d'une affection délirante. Eh bien ! C'est la vie. Ceux qui, comme l'aimable Turco, ont une âme banale, superficielle et complaisante sont aimés et comblés ; ceux qui au contraire, comme la jalouse et trop fidèle Maidie, aiment trop les uns et pas assez les autres, qui ont une âme exclusive et brûlante sont repoussés et malmenés. Avouez que ma petite philosophie à propos de ces deux bêtes, est hélas ! tristement vraie. Décidément, il n'y a que les médiocres, souriants, affables, acceptant les caresses du premier venu, qui réussissent. Pourtant il vaut mieux moins bien réussir, et savoir adorer les uns et haïr les autres.

Tandis que je vous écris des sergents jouent à la manille à côté de moi. L'un était sergent à ma section. Je ne l'ai pas gardé. Il m'a quitté avec joie d'ailleurs. « Tu comprends, expliquait-il à un ami, avec le lieutenant nous nous serions tous fait casser la figure. » Mais maintenant qu'il est bien tranquille, il raconte les histoires les plus invraisemblables et défie à lui tout seul toute l'armée allemande.

29 novembre 1914.

..... J'ai passé la journée à courir à travers bois, sous la conduite d'un petit espion, qui m'est d'ailleurs fort suspect, pour reconnaître des chemins secrets, par lesquels les espions allemands pénètrent, paraît-il, dans nos lignes. Ce petit boiteux marche cahin-caha, mais avec une vitesse prodigieuse. Bien entendu, je me suis piqué de jeu et me voilà à rivaliser avec lui. De son côté il allonge ses deux pattes inégales, et nous nous mettons à gravir les pentes à une vitesse de train express. J'avais avec moi deux chasseurs qui tiraient la langue et grognaient contre le maudit boiteux. « Mon lieutenant, il va trop vite, ce doit être un traître. » « Il court comme un cheval », gémissait l'autre. Mais je n'ai rien voulu entendre, estimant déshonorant de marcher moins vite que lui. D'ailleurs, quand nous sommes arrivés vers les lignes allemandes, j'ai eu ma revanche. Mon boiteux avait une frousse terrible. Je l'ai obligé à me guider fort avant. J'ai tout examiné avec une insouciance parfaite, et lui se tapissait derrière les arbres en tremblant. Puis, quand j'avais fini mon examen, je lui faisais signe de se lever. « Noch weiter » (Encore plus loin). Il me regardait avec épouvante. Mais je ne le regardais même pas, et en avant. Je riais sous cape, et j'aurais bien voulu voir quelques Allemands et faire siffler quelques balles. Je l'ai ramené assez tard et il ne m'a pas demandé son reste. Il faisait un temps superbe, assez doux, qui faisait resplendir les sommets couverts de neige.....

Je reprends les avant-postes lundi. Pour le moment je suis toujours dans mon petit village. Nous sommes logés cette fois chez le garde-champêtre, à côté de notre ancienne popote. Nous avons une chambre pour manger et écrire. Il y a également des enfants, un chien, et nous retrouvons là la même existence rustique et familiale que dans toutes les maisons d'Alsace.

A Mademoiselle Jeanne Marbeau.

6 décembre 1914.

Marie me dit que vous réclamez une lettre de moi, et me voilà enchanté de venir bavarder quelques instants avec vous. Mais il paraît que vous voulez un sermon ! Comme je suis embarrassé !

D'abord, je n'ai ni qualité ni vocation pour faire des sermons. Comparé à vous, c'est moi qui devrais solliciter vos exhortations et me frapper modestement la poitrine en recevant vos conseils. Ensuite, quand on a une charmante belle-sœur comme vous, il est beaucoup plus agréable de lui dire mille choses affectueuses que d'entamer devant elle des maximes de morale et des lieux communs.

Enfin, puisque vous l'avez voulu, tant pis pour vous. Je vous livre ma haute philosophie. J'ai été relevé ce matin des avant-postes pour la journée, et j'étais fort joyeux de trouver pour vingt-quatre heures un abri chaud, et pour ce soir un matelas, dont je me promettais d'infinies délices. Puis devant ce bonheur qui n'avait rien de bien éthéré, j'ai été un peu honteux de moi-même ; il m'a semblé que mon pauvre corps avait bien de l'audace et de l'égoïsme à se réjouir ainsi alors qu'il y avait dans mon pays tant de souffrances et de deuils. Enfin — et j'arrive laborieusement à ma conclusion — j'ai conclu que j'avais tout à fait raison d'être joyeux et que la gaieté était un de nos premiers devoirs.

Voilà mon sujet de sermon trouvé et ce que votre malheureux prédicateur de beau-frère vient vous prêcher aujourd'hui, c'est d'être gaie.

Vous n'avez que trop de raisons, je le sais, d'être mélancolique. Votre frère est à la guerre et vos beaux-frères aussi, et la menace qui pèse sur tant de vies qui vous sont chères doit à certaines heures accabler votre tendre cœur. Votre vie est bouleversée, votre patrie saccagée, votre avenir même si intimement lié, comme toutes nos existences, au sort de notre pays peut vous paraître plus incertain que jadis. Comment, à travers tant de tranchées et de canons, le Prince Charmant, dont je vous prédisais jadis la venue, pourra-t-il parvenir jusqu'à vous ?

Vous aussi, vous devez sacrifier toutes vos douleurs, toutes vos angoisses personnelles à la grande idée qui soulève la France entière. C'est votre façon d'accomplir un sacrifice pareil à celui que sur le champ de bataille nous consentons chaque jour.

Il faut qu'à votre façon, au foyer de vos parents, au milieu de votre pays, vous soyez une sorte de soldat, brave, joyeux, qui ne pense plus à lui et se bat en riant.

Si toutes les jeunes filles de France, qui toutes ont mille raisons d'avoir les yeux pleins de larmes, refoulent ces larmes et arborent un beau sourire de confiance et de vaillance, quelle force, quelle émouvante allégresse rayonneront de vos lèvres de femme à travers la France tout entière !

L'armée se battra jusqu'au bout. Le seul danger que nous puissions craindre, c'est la lassitude, le découragement public. Nos pires ennemis seront ceux qui gémiront que la guerre a assez duré, qu'il y a assez de deuils dans chaque foyer, assez de misère dans le pays et qu'il faut avoir pitié des mères et des filles. Cela seul peut arrêter l'élan de l'armée et briser sa victoire.

C'est à vous, à vos sœurs comme à vos amies, qu'il appartient de vaincre cet ennemi et de permettre à ceux que vous aimez d'accomplir leur devoir tout entier. Soyez partout calmes et gaies. Si vous êtes inquiètes, ne le dites pas ; si vous êtes tristes, sachez paraître joyeuses ; si un chagrin vous accable, au-dessus de votre angoisse mettez votre volonté patriotique.

Ce que je vous demande est aussi difficile peut-être que la tâche qui nous incombe. Mais cet héroïsme silencieux de tant d'âmes féminines rejoindra l'héroïsme de ceux qui se battent. Ainsi vous aurez la douceur de vous sentir plus étroitement, plus tendrement unies à ceux que vous aimez et dont vous êtes séparées. Vous ne vous sentirez plus inutiles. Vous aurez à chaque heure du jour la sensation du soldat sur la brèche. Vous participerez véritablement à la défense de la patrie menacée, en lui conservant une de ses plus nobles, de ses plus chevaleresques traditions : celle de savoir souffrir et se battre dans la joie.

Et puis, ma petite Jeanne, quel réconfort pour nous tous, si là-bas, au foyer souvent évoqué, nous vous savons calmes, paisibles, résolues ! Quelle couronne nouvelle au front de notre pays que celle que vous lui attacherez ainsi devant le monde entier par votre vaillance et votre grâce intrépides ! Enfin, après la victoire, comme la paix semblera plus belle et plus douce, puisqu'elle sera notre œuvre à tous, nous en luttant, vous en vous sacrifiant ! Et nous aurons combattu, et vous vous serez sacrifiées, tous de la même façon : sans regret, sans plainte, joyeusement.

Ce devoir que je vous prêche avec l'ardeur indiscrète, impitoyable d'un prédicateur improvisé il s'impose à vous bien plus encore qu'à d'autres.

Vous êtes en effet, ma chère Jeanne, une privilégiée à l'heure actuelle. Aucun de ceux que vous aimez n'a été frappé. La guerre jusqu'ici ne vous a atteinte ni dans votre cœur, ni dans vos intérêts matériels.

Combien de femmes autour de vous qui ont vu se briser à jamais l'affection qui était la seule force, la seule raison de leur vie ! Combien de femmes aussi, qui, en regardant partir ceux qu'elles aimaient, ont vu venir la misère, qui ne savent comment demain elles vivront, ou comment elles feront vivre des enfants, déjà peut-être orphelins ! A ces sœurs deux fois frappées, à ces infortunées dont tout le bonheur, tout l'avenir est enfoui dans quelque tranchée glacée du Nord, vous devez non seulement l'aide matérielle, mais surtout le réconfort moral. C'est pour elles aussi que vous devez être vaillante, afin de leur communiquer un peu de votre vaillance ; c'est pour elles que vous devez oublier vos petites infortunes, pour mieux soulager leurs infortunes ; c'est pour elles enfin que vous devez vous arracher à vos craintes, à vos regrets anxieux, pour les soulever avec vous au-dessus de nos détresses quotidiennes, dans un grand élan de courage et d'amour, vers la Patrie qui vous demande aujourd'hui un si grand et si rigoureux sacrifice.

Vraiment vous avez chacune dans votre modeste sphère, mère, sœur ou épouse, une tâche à remplir. Et je suis sûr que dans bien des cas un sourire qu'une Française peut arracher à son cœur bourrelé ou désespéré sera plus efficace et plus glorieux que les balles ou les obus que nous tirons contre l'ennemi.

Cette fois c'est fini, ma chère Jeanne. Vous allez sans doute me trouver insupportable avec cet austère enseignement, et ma lettre, plus ennuyeuse qu'un pensum. Mais c'est vous qui l'avez voulu. Peut-être auriez-vous préféré quelque histoire ou quelque nouvelle. Mais je n'ai aucune histoire aujourd'hui pour vous distraire, parce que ma vie est toujours la même : avant-postes, neige, calme. Très peu d'Allemands pour le moment, et avec la meilleure volonté pas un incident à vous raconter. Me voilà donc obligé de finir cette longue lettre. Et pour me faire pardonner d'être un beau-frère si ennuyeux je vous rappelle que je suis un beau-frère très affectueux, que je vous aime de tout mon cœur, et que je vous embrasse de même.

A sa femme.

12 décembre 1914.

Je suis aux avant-postes jusqu'à mardi. Hier, alors que j'étais en train de lire une carte postale que je venais de recevoir, j'entends des détonations, puis z z z z z z, des balles qui sifflent au-dessus de nous. Nous bondissons à nos tranchées ; feu de salve, et, au bout d'une demi-heure, les Boches, qui d'ailleurs étaient à plus de cinq cents mètres derrière une petite crête, fichent le camp. Nous restons encore un instant dans les tranchées, puis nous rentrons paisiblement manger la soupe, et la nuit a été fort tranquille. Nous mangeons à 4 heures, il fait complètement nuit à ce moment. On allume une lampe. Je ne m'étends sur ma botte de paille qu'à 9 heures. Mais le temps passe assez vite. Toutes les heures il y a la relève des sentinelles. Je suis seul parmi mes chasseurs. Mes hommes dorment ou groupés autour du poêle se racontent des histoires de leur pays avec de bons gros rires étouffés, et les heures glissent paisibles. Je lis pendant vingt minutes, les aiguilles de ma montre marchent, et 9 heures arrive sans trop de peine. Un tour dehors pour voir si mon service de sentinelles marche bien, et ensuite je m'étends sur mon lit de paille. Au début je ne dormais pas ; maintenant je dors parfaitement. Je me réveille en général à minuit et à 3 heures, encore un petit tour dehors pour voir si tout est tranquille. A 6 heures du matin, je me lève, je me chauffe un instant, le jour commence à poindre faiblement ; à 7 heures, le café arrive, les hommes font leur sac, et une journée nouvelle commence.

Ce qu'il y a de plus pénible dans cette vie, c'est l'incertitude. Combien de temps cela va-t-il durer ? Où serons-nous demain ? Quel sort nous réserve la nuit qui tombe ou le jour qui commence ? Que font ceux que nous aimons ? A chaque instant du jour, notre anxieuse pensée se pose ces mille questions sans y trouver de réponse, et l'avenir nous paraît si interminable et si confus que nous n'osons le regarder. Et comme le passé nous attendrit et nous amollit, nous ne savons où reposer notre esprit, ni de quoi nourrir nos souvenirs. Heureusement qu'il se fait une sorte d'engourdissement, et j'arrive parfaitement à rester une heure la cervelle vide, sans regret, sans désir, comme un corps sans âme.

J'ai lu l'*Allemagne* de Mᵐᵉ de Staël. Il est amusant de lire les éloges enflammés qu'elle consacre à la bonhomie des Allemands, à leur douceur, leur loyauté. Le livre a pas mal vieilli. La critique des poètes et des dramaturges allemands n'est qu'une légère esquisse, pâle et insuffisante. Mais ce livre a le premier révélé l'Allemagne et penché l'attention du monde sur ce formidable, prodigieux et monstrueux pays.

..... Je reviens toujours à mon Pascal. Quelle douleur dans ces courtes phrases ou dans ces périodes un peu solennelles, mais dont la massive enveloppe dans le style du xviie siècle craque sous le feu qui les anime. Il est le premier de nos lyriques. Il précède Rousseau. Le lyrisme est né en France de l'exaltation de l'individu en face des forces sociales que célèbrent les classiques (définition rudimentaire d'ailleurs). Or, quand Pascal analyse et exalte avec son orgueilleux et magnifique pessimisme la misère et la grandeur de l'homme, le voilà qui élève l'homme en lui-même au-dessus de la nature, au-dessus des lois sociales elles-mêmes (voir ce qu'il dit de la justice). Par là il est un lyrique, je dirais presque un romantique, non pas seulement par la magnificence de son style, mais encore par son inspiration. Je vous laisse le soin de méditer ces conclusions qui vous paraîtront étranges. Pascal individualiste et romantique ! C'est du moins ainsi qu'il m'apparaît. Peut-être que je me trompe, mais en littérature tout n'est qu'impressions personnelles.

A Madame André Dubarle.

12 décembre 1914.

Je suis bien en retard pour venir vous féliciter de la naissance de la jeune Françoise, et vous dire toute la part que j'y ai prise.

Pauvre petite, sa venue au monde en des heures si graves est un rayon de soleil et comme un acte d'espoir en l'avenir. Puissions-nous tous être réunis autour d'elle et fêter plus joyeusement sa naissance.

Quand vous recevrez cette carte, mon cher André sera reparti se battre, et je ne peux y songer sans un serrement de cœur.

Puisse-t-il être heureusement épargné jusqu'à la fin. Est-il au moins bien rétabli ? Comme je vais penser à lui tous ces jours-ci, avec quelle tendresse et quelle anxiété ! Pour vous, je devine combien ce départ va vous déchirer le cœur. Enfin, vous êtes, je le sais, une vaillante Française, mais malgré tout votre courage, je m'unis avec toute mon affection à l'angoisse que vous allez éprouver durant les premières heures où il ne sera plus là.

A sa femme.

8-18 décembre 1914.

..... J'inonde la rue de l'orphelinat de lettres, et il me semble que je suis bien mal récompensé.

Donc sautez toutes sur vos plumes, envoyez-moi des volumes, sinon je ferme la boîte aux lettres et j'attends drapé dans ma dignité. Je vous entends vous exclamer : « Mais nous n'avons rien à dire ! » Cela m'est égal. Mettez vos cervelles en commun, si vous voulez écrivez un roman-feuilleton, mais des lettres. D'ailleurs, si vous n'avez rien à me raconter, que dirais-je donc ? Je ne connais pas de vie plus plate, plus monotone que la nôtre. Les avant-postes, toujours les avant-postes ; de longues journées dans les bois à piétiner sur place, à interroger les crêtes, à faire de petites reconnaissances ; c'est mortel. De temps à autre, quelques fusillades, et de nouveau le silence, l'attente, l'émoi. L'autre jour, nous avons eu la visite d'un aéroplane allemand, que nous avons fusillé avec entrain, mais inutilement. Ce fut le seul événement de la semaine, et il eut pour résultat de nous faire supprimer notre jour de repos, sous prétexte qu'il fallait renforcer notre ligne de petits postes. Nous avons, bien entendu, grogné comme des diables, mais il a bien fallu s'exécuter...

Avec cette guerre de tranchées, ce sont surtout les fantassins qui ont le plus à souffrir, obligés de vivre et de coucher dans leurs tanières, alors que les autres armes, plus en arrière, sont dans de meilleures conditions de confort. Il faut voir les pauvres Alpins sales, couverts de boue, sortant de leurs bois et de leurs cols, et se rencontrant avec messieurs les Dragons et les Artilleurs, logés dans la vallée où ils trouvent un accueil enthousiaste, alors que nous sommes dans la pluie, les nuages et le feu...

Ce matin un civil s'est rendu dans nos lignes C'est un jeune homme de dix-sept ans qui fuyait pour éviter la conscription. Les Allemands ramassent tous les jeunes gens jusqu'à dix-sept ans. Faut-il que les Boches soient à court d'hommes ! Il était 7 heures du matin et il s'avançait vers nous sans se cacher. La sentinelle m'avertit. Je vais à la tranchée reconnaître ; je vois que c'est un civil, et mon chasseur de me dire le plus tranquillement du monde : « Je vais toujours faire péter un coup de fusil. » Il allait le tuer tout naturellement si je ne l'avais arrêté, tant à la guerre tuer un homme paraît sans importance. Je n'ai eu que le temps d'arrêter le fusil déjà abaissé. Je suis sorti du retranchement, et j'ai été recueillir ce visiteur inattendu. Il n'avait pas tout à fait dix-sept ans, — une jolie figure imberbe et presque puérile. Il était radieux d'être au milieu des Français. Il avait couché au milieu des bois, et quand il avait franchi les lignes allemandes, il avait reçu cinq coups de feu des Allemands. Son pantalon était tout déchiré. Quatre autres déserteurs viennent de se présenter à la seconde, tandis que je vous écrivais...

A ses parents.

19 décembre 1914.

..... J'ai éprouvé un vif regret en apprenant la mort de Mme Adam qui avait toujours été très bonne pour moi... D'ailleurs dans les circonstances actuelles ces deuils privés sont encore plus douloureux et empruntent à la dispersion des familles un caractère plus émouvant. Sait-on jamais, quand une tombe de famille s'ouvre ainsi, s'il ne faudra pas la rouvrir bientôt...

J'ai mené toute cette semaine ma garde habituelle, solitaire, grave et monotone, au milieu de mes bois. Nous avons construit des baraques avec des troncs de sapin ; il y a à l'intérieur un poêle, de la paille, une fenêtre, et c'est ainsi presque du luxe. Le vent passe bien un peu, la pluie se glisse de son côté, mais avec suffisamment de mesure et de discrétion pour que ce soit très supportable...

Dans cette existence uniforme on finit par se tremper, s'apaiser, et l'avenir, quelles que soient ses incertitudes et peut-être ses souffrances, finit par ne plus vous effrayer. Il faut éviter de penser au passé qui apporte trop de regrets, à l'avenir qui donne trop d'impatience du retour et de la fin de la guerre. Ainsi calfeutré dans le présent et les menus incidents quotidiens, le temps finit par s'écouler, et chaque jour nous rapproche de la paix.

J'ai bien pensé à mon cher André mardi dernier, 15 décembre. Son départ a dû être pour vous tous un grand déchirement. Puisse-t-il supporter de nouveau les fatigues et les dangers de la guerre et revenir sain et sauf !

Je ne sais quel temps vous avez à Grenoble. Ici, après des tempêtes de pluie et de vent du Sud, l'hiver est venu brusquement ; la neige tombe en abondance, et nos hauteurs glacées et muettes me rappellent les Alpes. Nous redescendons aujourd'hui dans la plaine pour quelques jours, mais je ne crois pas que ce soit pour y rester inactifs. Enfin nous verrons...

Nous avons lu avec joie dans les journaux l'éclatante victoire des Serbes. L'importance politique en sera considérable. De plus en plus l'Autriche va être affaiblie et réduite à une défensive impuissante. D'autres puissances se joindront encore à nous, et l'Allemagne sera enfin terrassée. Ce sera long encore, mais chaque jour nous permet de considérer le résultat final avec plus de confiance.

Ma lettre va vous arriver à la fin de l'année, mes chers parents. Je devine combien ces jours où tout le passé et l'avenir se pressent autour de nous seront pour vous pleins d'anxiété et de douloureux souvenirs. De bien loin, dites-vous que tout mon cœur s'unira aux vôtres pour vous aimer, pour partager vos peines comme vos espoirs.

A Mademoiselle Charlotte Marbeau.

22 décembre 1914.

Votre affectueuse et charmante lettre m'est arrivée tandis que j'étais dans une tranchée, les pieds dans l'eau, mouillé comme un rat, sale à faire peur et tout grelottant. Le plaisir qu'elle m'a causé m'a arraché à ma mélancolique situation et m'a réchauffé le cœur.

Vous me parlez de caramels mous ! J'en ai eu l'eau à la bouche tout de suite et si vous pouviez avec Jeanne m'en envoyer un petit paquet ils seraient les bienvenus. Ce sera un peu de vous, de Fleury, de tant de chers souvenirs qui viendront jusqu'à moi.

Voilà l'année qui finit. Puisse 1915 nous réunir tous !

A sa femme.

23 décembre 1914.

..... Ça barde, ça barde ! Je vous écris au galop, je ne sais pas quand j'aurai le temps de venir à vous. Samedi en nous annonce que nous allons être relevés des avant-postes. Joie générale. Nous partons samedi à midi. Samedi soir, nous couchons à Goldbach, petit village à trois quarts d'heure en arrière de nos avant-postes, et qui est, paraît-il, la patrie de la maréchale Lefebvre. Dimanche matin nous descendons dans la vallée, dans un gros village, Bitschwiller, où on nous promet dix jours de repos. Bonne chambre. Mille délices en perspective. Hier à 3 heures ordre de partir. Il pleut à torrents. Nous allons prendre de nouveaux avant-postes. A 5 heures et demie, trempés jusqu'aux os, nous arrivons dans une forêt; il fait noir comme dans un four; défense d'ailleurs d'allumer le moindre feu. Les Allemands sont à mille mètres de là. Nous nous glissons à tâtons dans des tranchées où coule, par suite de la pluie, un vrai ruisseau. Rien sur nos têtes qu'une averse, qu'un vent glacé nous fouette dans le visage. Nous nous asseyons sur de la glaise, qui s'attache à nos vêtements, et nous attendons les événements. Vous devinez ce qu'a été la nuit, longue, interminable, glacée, avec nos vêtements qui collent au corps et un froid si pénétrant que je ne me rappelle pas avoir autant souffert de ma vie.

24 décembre 1914.

Je reprends ce soir ma lettre que j'ai dû interrompre hier matin, car il fallait regagner les avant-postes. La terrible nuit se passe. Le jour nous trouve recroquevillés dans nos tranchées, toujours glacés de froid, mais la lumière qui vient enfin est une consolation, et nous explorons le paysage. En face de moi, un champ de vigne ; à cent cinquante mètres, la tranchée allemande ; à gauche, un bois ; à droite, la plaine de Cernay toujours occupée par les Allemands. Quelques boches circulent ; mais une convention s'était établie, paraît-il, entre nos prédécesseurs et l'ennemi. On ne se fusille que si l'on s'attaque. S'il ne s'agit que de se ravitailler, de faire des travaux de tranchées, pas un coup de fusil. Et de fait la journée se passe paisiblement. Nous sommes toujours dans l'eau à claquer des dents. A 4 heures nous sommes relevés. Joie. Nous partons couverts de boue, d'une saleté vraiment ignoble, mais peu importe. Deux heures après nous retrouvons notre cantonnement, du feu, un lit, et nos misères sont vite oubliées, d'autant plus que nous avons huit jours de repos en perspective. Le lendemain, nous nous nettoyons. Je lave mon uniforme qui commence à dépasser les bornes de l'usure, et nous faisons un bridge. Nouvelle nuit des plus calmes, lorsque soudain, ordre de repartir dare-dare aux avant-postes. Désolation. Déjà nous avions fait les préparatifs pour le réveillon. Je devais aller à Thann déjeuner avec un de mes amis, qui exerce les fonctions de juge de paix..... Tous ces beaux projets sont en un instant pulvérisés. Nous remontons à Goldbach, et de là nous repartons pour nos avant-postes, où il y a deux pieds de neige. J'y ai passé la journée et la nuit, et la journée d'aujourd'hui. A 5 heures je suis rentré dans ma ferme habituelle, et c'est de là que je vous écris. En revenant ici, j'ai trouvé les deux grandes caisses contenant les cent vingt petites boîtes renfermant du chocolat, du sucre et un cigare, que mes parents m'avaient envoyées et que j'ai tout de suite distribuées à mes chasseurs.

Le poste que j'occupe s'appelle le Sudelkopf, à 1.023 mètres d'altitude. C'est un petit piton boisé, qui domine une étroite vallée. J'y passe mes jours et une nuit sur deux. Dans la journée je dirige une patrouille en avant des lignes, avec de la neige jusqu'à la moitié de la jambe. Aujourd'hui à un arbre où les Allemands étaient venus hier (nous leur avons tué trois hommes) je trouve un billet attaché à l'écorce, où ils m'informent que cent vingt mille Russes ont été tués et quatre cent mille faits prisonniers !!! Je rentre au poste, non sans avoir essuyé une bonne fusillade, sans résultat pour eux d'ailleurs. J'écris sur une feuille que les Allemands sont fichus et que dix mille d'entre eux sont entrés à Verdun, mais comme prisonniers, que les Autrichiens ont été écrasés, et profitant d'une tourmente de neige, je suis allé accrocher mon poulet là où j'avais trouvé le leur. Nous verrons si j'aurai une réponse. Cela rompt la longue monotonie des journées. Heureusement que les journaux de Paris arrivent très régulièrement dans notre région ; ils sont à Thann le lendemain du jour où ils ont paru à Paris, et de là le service de ravitaillement les fait monter. Donc nous ne manquons pas de nouvelles. De plus, la dépêche officielle nous est téléphonée chaque jour, deux ou trois heures après qu'elle a paru à Paris. Dans le moindre de nos postes, il y a le téléphone. A ce point de vue tout est admirablement installé. Cela me rappelle mon cabinet de travail de Paris et les : Allo ! allo ! de chaque matin. Mais ici le service est mieux fait, et j'ai tout de suite la communication. Comme je vais être exigeant en rentrant vis-à-vis de mesdemoiselles les téléphonistes !

Tandis que je vous écris ces huit pages, je pense que c'est la nuit de Noël, et que ces heures de fête, si intimes, si joyeuses, si douces d'ordinaire, vont cette année être bien émouvantes et mélancoliques pour tous ceux que nous aimons. Pour nous aussi, notre devoir nous apparaît aujourd'hui plus austère et plus dur. Tout mon cœur est près de vous, rempli de tendresses, de tristesses, de regrets, mais aussi d'espoir. Courage ! Regardez avec confiance cette année nouvelle qui commence. Elle nous réunira et effacera bien vite tout ce qui aujourd'hui nous attriste et pèse si lourdement sur nos cœurs séparés.....

A ses parents.

24 décembre 1914.

Tous vos colis sont arrivés aujourd'hui. Les petites boîtes étaient parfaites et ont causé une joie générale à mes braves chasseurs. Merci d'avoir ainsi pensé à eux. Quant à moi, vous m'avez comblé, et je reconnais bien là votre tendresse attentive à tout ce qui peut faire plaisir à vos enfants.

J'ai reçu également l'envoi des *Revue hebdomadaire* et *Opinion*.

Nous sommes toujours aux avant-postes. Nous devions avoir quelques jours de repos, mais au bout de vingt-quatre heures, il nous fallait remonter dare-dare vers notre perchoir glacé.

Ma compagnie étant aux avant-postes n'était pas à Steinbach. Ce fut une malheureuse affaire. Les Allemands ont eu des pertes considérables (huit cents morts), mais je crois qu'un malheureux bataillon de chasseurs a été jeté très imprudemment dans cet entonnoir de Steinbach où il a été décimé, perdant...   .   .   .   .

Cela a causé une petite émotion dans la région et va amener un remaniement du haut commandement.

.....Vous devinez combien je pense à vous dans ces jours de fête où le souvenir de tous ceux qu'on aime nous entoure et nous presse avec une si douce et si tendre mélancolie. Pour vous aussi, ces heures seront pleines encore d'émotion, de regrets, et d'inquiétude. Ajoutez-y de l'espoir. L'année qui vient, nous ne pouvons la regarder qu'en hésitant en ce qui nous concerne, mais ayons confiance pour notre pays. La longueur et

la dureté de cette épreuve lui seront un renouveau
en lui ouvrant enfin les yeux...

Au capitaine André Dubarle.

26 décembre 1914.

Je veux que tu aies pour le 1ᵉʳ janvier un mot
qui t'apporte ma tendre affection. Tu sais combien
je pense toujours à toi, mais depuis que tu es
reparti vers le front, ma pensée est encore plus
constamment près de toi et plus remplie de sollicitude.

.....J'ai lu le discours de Viviani à la Chambre. Il
est d'une éloquence vraiment très noble et très
haute, en même temps que son affirmation sur
« la certitude de la victoire » est assez rassurante.
Je ne crois pas qu'il ait fait une pareille affirmation
sans de grands éléments de confiance. Mais il ne
faudrait pas que le pays s'imaginât que la guerre
est finie, alors que sa première période se termine
à peine. Nous avons réparé les terribles erreurs
du début, formé un matériel, je ne dis pas équi-
valent au matériel allemand, mais qui peut lutter
contre lui; nous avons amélioré notre commandement, et, au point de vue moral, repris confiance.
C'est un immense résultat, pendant que l'Allemagne s'affaiblit. Mais elle reste formidable encore,
avec un haut commandement qui a pu commettre
des erreurs, mais qui est animé d'une implacable

énergie et de la volonté de vaincre. Quant à ses soldats, je les ai vus de près dans toutes nos rencontres sous bois, ils m'ont paru extrêmement courageux, et, poussés par leurs chefs, ils ont souvent beaucoup de mordant. L'heure n'est pas encore venue où elle s'écroulera, il faudra pour cela bien du temps, bien des combats, bien des sacrifices ; il faudra que la pénurie économique, qui est peut-être le danger le plus pressant qui menace l'Allemagne, fasse sentir ses effets.

De notre côté, on commence à agir ; je ne sais si c'est avec beaucoup de bonheur. On lance en avant des forces assez restreintes, et nous n'avons fait aucun progrès sérieux.

Combien de temps tout cela durera-t-il? Je ne crois pas que nous puissions nous livrer par ici à une offensive vigoureuse avant que nous ayons obtenu dans le centre et le nord de la France des succès vraiment décisifs. J'attends les événements avec patience et philosophie.

Il fait un froid vif, que je préfère au temps humide et boueux que nous avons eu jusqu'au 15 décembre. Il y a trente centimètres de neige, mais nous avons une petite baraque en planches où nous couchons la nuit et où il fait chaud.

.... Notre réveillon a consisté à coucher aux avant-postes, et le jour de Noël j'ai dirigé une patrouille en avant de nos lignes. Les Allemands m'ont salué de loin par une vive fusillade, aussi bruyante qu'inutile. Ce fut le seul événement de ce jour de fête. Nous verrons ce que me réserve le 1ᵉʳ janvier...

A sa femme.

28 décembre 1914.

..... On s'agite pas mal dans la région, mais mon petit coin reste calme. Par exemple il faut faire des patrouilles la nuit. En principe ce sont les sous-officiers qui les conduisent, mais comme c'est peu amusant et qu'à mon avis un officier doit toujours montrer l'exemple, j'en dirige toujours au moins une, et je reconnais que s'avancer ainsi un à un dans les ténèbres, au milieu des bois, souvent fort en avant des lignes, est quelque chose de très impressionnant. Ce sont là des émotions de la guerre que les autres armes ne connaissent pas.

On a fait prisonnier il y a quelques jours, un officier allemand et une vingtaine d'hommes. Tous les hommes étaient armés de balles dum-dum. Quant à l'officier, il est impossible de rien voir de plus audacieux, de plus arrogant. Il s'est vanté d'avoir lui-même distribué des balles dum-dum à ses hommes. Il a déclaré qu'il préférerait être mort que prisonnier des Français (ce qui ne l'a pas empêché de se rendre sans combattre, au fond d'une cave, une heure auparavant). Il a d'ailleurs été satisfait à son désir, car il a été fusillé pour avoir ordonné de se servir de balles prohibées par la convention de Genève. Nos chasseurs auraient voulu que les soldats boches eussent le même sort. Mais ils avaient l'air si fatigué, si misérable, qu'on ne leur a rien fait.

Je vous envoie le bout de billet boche dont je vous parlais dans ma dernière lettre. Ils ont pris ma réponse, mais n'ont rien répondu depuis.

> *Russen vollständig geschlagen!!*
> 400.000 *Gefangen*
> 120.000 *Tote ohne Verwund*
>
> 18 Dez. 1914.

1ᵉʳ janvier 1915.

Je vous écris sur un bout de tonneau. Nous sommes en première ligne, dans les tranchées, les pieds dans l'eau, jour et nuit. Il ne fait pas chaud. Je vais bien, ne vous inquiétez pas.

La canonnade fait rage ; impossible de s'entendre ni d'écrire tranquillement. Je pense bien à vous aujourd'hui. Quand nous reverrons-nous ? Enfin, courage !...

10 janvier 1915.

..... Enfin, je peux souffler. Je viens de passer dix jours dans la tranchée avec de l'eau jusqu'à la cheville, de la boue qui nous couvrait des pieds à la tête, une fusillade, une canonnade sans répit ni jour ni nuit. Il faut mener cette vie pour en mesurer les souffrances épuisantes.

J'ai une peau de bique et, ainsi accoutré avec une barbe de dix jours, de la boue jusque dans les cheveux, sale, hirsute, ma pipe au bec, mon revolver à la main, tandis que les balles sifflaient, j'étais parfaitement hideux. Si vous m'aviez vu!

Notre paisible Alsace est devenue le théâtre de combats acharnés. Jusqu'ici nous avons un peu progressé. Mais les Allemands ont amené pas mal de troupes et se défendent avec fureur. Chaque pouce de terrain est pris et repris à tour de rôle, et il y a eu des pertes sensibles dans les deux camps.

Les Boches ont accumulé des retranchements formidables, des kilomètres de tranchées défendues par d'épais réseaux de fils de fer. C'est presque impossible à enlever. Une infanterie ainsi installée peut repousser des forces vingt fois supérieures. Chaque fois que les Allemands nous ont attaqués, ces jours-ci, ils ont laissé des centaines de morts devant nous, et nous n'avons pu avancer que de quelques mètres au prix de grosses pertes.....

Le 152ᵉ d'infanterie, où doit être André Bonneau [1], est tout près d'ici. C'est un régiment qui s'est battu avec la plus grande bravoure. J'entendais les cris de « Vive la France » à ma droite, en pleine nuit, tandis que les hommes chargeaient à la baïonnette dans Steinbach.

---

1. André Bonneau, lieutenant au 170ᵉ régiment d'infanterie, tué à Notre-Dame-de-Lorette, le 28 mai 1915.

CHAPITRE IV

HARTFELSENSCHLOSS

A sa femme.

Château de la Pierre Dure.
15 janvier 1915.

..... A voir le titre avec lequel je date cette lettre, vous allez peut-être vous imaginer que je me repose de mes fatigues dans un somptueux château où il y a bon lit, bon feu.

Détrompez-vous : Le « Château de la Pierre Dure » n'est qu'un amas de quelques rochers qui s'étagent en pyramide au milieu d'une grande forêt de sapins, au flanc d'une pente, dominant deux routes importantes que je surveille et défends et où les Allemands patrouillent incessamment.

Je suis à trois quarts d'heure en avant de mon ancien poste du S..., tout seul avec une centaine de chasseurs dont je suis le chef unique. Des tranchées, un chemin de ronde, des réseaux de fil de fer, une épaisse couche de neige, voilà mon parc ; une petite cahute avec un poêle, un bout de table, une bougie plantée sur un clou, voilà mon château ; mon ordonnance qui se grille sans bouger à la flamme du poêle, voilà la femme de chambre. J'ai revêtu ma peau de bique, mon passe-montagne, et burgrave de cette étrange demeure, je surveille mes routes et attends les Boches.

Cette existence un peu sauvage, après la boue ruisselante et glaciale des tranchées, me semble le comble du confort, et cette solitude vigilante et armée ne manque pas de charmes.

J'adore être seul, et depuis cinq mois je n'ai guère eu ce plaisir, toujours entassé avec mes hommes ou mes camarades. Ici je suis mon maître ; j'ai une petite cahute pour moi seul ; rien au-dessus de moi, rien à mes côtés, de 8 heures du soir à 5 heures du matin. Seul, le téléphone me relie au reste de la terre et j'accepterais volontiers cette vie âpre, sauvage, pendant trois ou quatre mois, d'autant plus que mon poste est formidablement retranché et que je peux défier tous les assauts.

Ma vie est bien simple. A 6 heures du matin, réveil ; le poêle est allumé, on m'apporte un quart de café chaud ; à 6 heures et demie j'expédie mes postes avancés, je commande les patrouilles nécessaires, je visite les pieds de mes malades. Il y en a qui ont de pauvres pattes terriblement gonflées ; je leur distribue un peu de votre baume, je les réconforte de mon mieux. Je laisse les plus invalides autour du poêle dans la baraque affectée aux hommes. A 8 heures et demie, je pars inspecter mes divers postes, voir si tout marche bien, examiner si les Boches ne viennent pas, et je rentre à 10 heures et demie. Déjeuner, le même que celui des chasseurs ; soupe, viande bouillie, comme légumes, du riz, des haricots ou des pâtes suivant les jours, un quart de vin, du café (celui du matin, dont j'ai gardé une partie dans la chère et précieuse bouteille Thermos). Comme dessert un bâton de chocolat. Pipe.

A midi, relève des postes ; j'expédie mes diverses fractions aux emplacements désignés. Encore un petit tour de ci, de là, dans la forêt ; nous examinons les traces dans la neige, de façon à voir si des reconnaissances ennemies ont passé. Souvent on se tire quelques coups de fusil, car c'est l'heure également où les Allemands se promènent et nos postes ne sont pas éloignés l'un de l'autre. A 2 heures, je rentre. Le ravitaillement arrive ; distribution de vivres ; il y a toujours un journal pour moi et souvent des lettres. C'est le grand moment de la journée.

A 4 heures et demie la nuit tombe, mes postes rentrent. Tout se tait, tout se calme. La soupe du soir arrive ; même menu que le matin, sauf qu'au lieu de bœuf bouilli, c'est souvent du porc. Café. Pipe.

Le poêle ronfle, on n'entend que le bruit du vent à travers les arbres, et toutes les heures la relève des sentinelles. Je relis mon journal. Je fais un peu d'anglais. J'écris des lettres. Mes sergents viennent se chauffer. Je cause avec eux : « Mon lieutenant, quand cela finira-t-il ? » Leurs bonnes figures anxieuses se lèvent vers moi comme vers un jeune dieu qui tient leur sort entre leurs mains. Je les réconforte ; je leur déguise la vérité. « Encore trois mois, mes enfants, et ce sera fini ! » Ils soupirent « Que c'est long. Qui fera les semailles du printemps ? Mon petit qui est en route sera né ! Et les « vieux », les parents, comment vivront-ils ? » Ils expriment tous les soucis qui chargent leurs âmes. Nous mettons en commun nos misères, nos anxiétés, nos lassitudes. Puis chacun raconte son histoire, un souvenir du passé. Les Allemands sont chargés de mille imprécations furieuses.

A 7 heures et demie chacun regagne ses pénates. Me voilà tout à fait seul, et jusqu'à 9 heures, je peux encore lire, écrire ou rêvasser, la tête dans mes mains, les coudes sur les genoux, et ma pipe (toujours) associée fidèlement à mes pauvres méditations. La nuit j'ai un peu de paille, une bonne couverture et je n'ai pas froid. Je dors bien, et le lendemain je recommence.

Nous sommes instruits par les journaux de ce qui se passe. Cela a l'air de ne pas trop mal marcher. Mais c'est très lent. Arrivera-t-on jamais à crever cette barrière allemande, derrière laquelle sont emprisonnées une partie de notre pays et toute la Belgique ?

Quand je regarde l'avenir, et ces mois et mois de guerre qui nous attendent encore, je ferme les yeux avec épouvante, comme lorsque j'étais enfant devant les ténèbres que je croyais pleines de revenants et de voleurs. Les Allemands faits prisonniers sont également très las. Mais on ne leur demande pas leur avis. Ils sont commandés très brutalement et l'Allemagne résistera jusqu'à la dernière extrémité.

Je me demande si dans un an je serai rentré! Armons-nous de courage et de patience.

Je voyais, il y a quelque temps, dans un journal, des articles sur l'utilité de la guerre ou sur une génération sacrifiée (la nôtre). Si ces beaux Messieurs, qui écrivent si bien, étaient envoyés dans les tranchées, ils auraient moins de sérénité.

. . . . Ces nobles discoureurs, qui ont les pieds chauds, le ventre à table, sont un peu agaçants. Il y a trop de fils à papa loin du feu, vraiment, et quand au moment de la discussion de la loi de trois ans, on les dénonçait, on n'avait pas tort. Beaucoup de chasseurs, envoyés à l'arrière quelque temps pour se reposer ou se soigner, reviennent indignés de tous les beaux jeunes gens qui ne font rien à quelque cinquante kilomètres en arrière du feu. Ils racontent tout cela à leurs camarades et cela fait un détestable effet.

Enfin, faisons notre devoir de notre mieux, jusqu'au bout. Il n'y a que cela à dire et à se répéter sans cesse. Nous garderons ainsi notre courage et notre gaieté.

J'ai lu ces jours-ci le bouquin de Fabre. Savez-vous que c'est un chef-d'œuvre ? Relisez-le et dites à vos sœurs d'en faire autant. Cette langue délicieuse, ce lyrisme spontané, ces magnifiques élans à propos d'un moucheron et de la délicate merveille d'un insecte, sont parmi les plus belles choses qui puissent se lire. Le chapitre des « vieux charançons » notamment compte parmi les plus belles pages de notre langue. Fabre est évidemment un grand génie. Je ne le juge pas au point de vue scientifique, car je n'y connais rien. Mais c'est une littérature noble, émouvante, et d'une prodigieuse richesse poétique. D'ailleurs ma vie de barbare a rafraîchi mes sources d'enthousiasme littéraire. Il me semble que je retrouve mes dix-huit ans lorsque je lis un beau vers ou une belle page de prose.

A ses parents.

17 janvier 1915.

..... Nous avons eu en effet une fin et un début d'année fort mouvementés. Mon bataillon a participé aux combats qui ont eu lieu autour de Steinbach et qui ont été particulièrement violents. Notre rôle n'a été qu'un rôle de flanc-garde, immobiles dans des tranchées durant cinq jours et cinq nuits, contenant les Allemands et repoussant leurs attaques, pour conserver un terrain récemment conquis sur eux. Il faisait un temps détestable ;

nous avions de l'eau et de la boue jusqu'aux chevilles, la pluie sur la tête et, bien entendu, le canon et le fusil presque sans discontinuer. Evidemment, dans une guerre comme celle-ci, braver le danger et les inévitables angoisses du péril mortel, qui, à chaque instant, nous menace, est peu de chose, mais endurer, immobile, durant d'interminables heures, des souffrances toujours pénibles, parfois cruelles, exige une résistance physique et morale, une force de caractère très grandes.....

Pour le moment, je suis aux avant-postes dans un autre secteur et dans de meilleures conditions. Je commande une position avancée, un vrai petit fortin, au milieu d'une forêt. J'ai cent hommes sous mes ordres, et je préside en maître absolu à un réseau solide de tranchées et de fils de fer et à un assez vaste domaine couvert de neige, planté de sapins immenses et sillonné par des patrouilles ennemies.

Je suis là en sentinelle de première ligne avec mission de surveiller deux routes importantes qui passent au bas des pentes glacées où je suis accroché et de repousser ou au moins d'arrêter toute attaque importante contre notre ligne principale. Ordre : Tenir jusqu'au dernier homme et la dernière cartouche.

..... De temps à autre, des patrouilles de uhlans (les Allemands ont démonté leur cavalerie et s'en servent comme fantassins), et c'est tout. Nous en

avons tué deux aujourd'hui, un hier. C'est notre
tableau de chasse, et j'avoue que j'éprouve toujours
quelque pitié, après les coups de fusil, devant ce
pitoyable gibier humain que nous traquons et qui
nous traque. Enfin, nous n'y pouvons rien. J'ai
une petite cahute avec un poêle, de la paille pour
dormir, une bougie pour m'éclairer et une table
sur laquelle — à côté de mon téléphone qui me
relie au reste du monde — je peux vous écrire.
Ajoutez que mon poste porte le nom magnifique de
Hartfelsenschloss (château du rocher dur si je ne
me trompe). C'est ainsi que, châtelain armé, sinon
casqué, debout et vigilant, dans ma sauvage solitude, j'attends ou je cherche l'ennemi tour à tour,
puis, le soir venu, dans la nuit épaisse qui nous
protège, je peux librement venir à vous. Voilà
ma vie. Dire que ce soit une existence enchan-
teresse serait inexact, mais pour le moment je suis
moins mal que beaucoup de soldats de notre
armée, et puis je fais mon devoir. Ce n'est pas toujours facile de savoir le discerner. Ici, pas d'hési-
tation, et c'est un apaisement.

A Monsieur Pierre-Firmin Marbeau.

18 janvier 1915.

Vos deux gentilles lettres me sont arrivées aujourd'hui et j'ai été bien touché que vous ayez
ainsi pensé à moi.....

J'ai appris avec beaucoup de plaisir vos succès scolaires et les progrès que vous faisiez.

Votre 18 en géographie est superbe, surtout à une heure où tant de Français et ceux qui vous touchent de près se battent pour modifier un peu cette géographie de l'Europe et la mettre d'accord avec la Justice et la Liberté qui depuis quarante-quatre ans en étaient exclues. Puissiez-vous, d'ici quelques mois, avoir à apprendre de belles choses nouvelles et dessiner des cartes où vous retracerez de vous-même, avec vos mains de bon écolier studieux, les efforts et les sacrifices de vos aînés.

Vous traversez une grande période de l'histoire, mon cher Pierre. Si vous n'avez pas à y jouer un rôle actif, au moins pouvez-vous y participer avec tout votre cœur de bon petit Français, et vous préparer pour l'avenir à continuer et à défendre l'œuvre de ceux qui se battent aujourd'hui. La guerre actuelle vous impose des devoirs nouveaux de travail, de sagesse, de volonté laborieuse et obéissante. Il faut qu'il y ait à l'heure actuelle en France des millions de jeunes garçons, bientôt des hommes, qui s'appliquent à devenir les meilleurs possible, à exalter leur âme, à mieux aimer encore leur patrie, à la servir avec une abnégation et une fidélité constantes. Ce n'est qu'à cette condition que le sacrifice de tant de vivants et de tant de morts pourra être fécond. Nous autres soldats, nous sommes comme des laboureurs qui, avec le fer de la charrue, tracent un sillon dans un champ;

et nous avons le grand honneur de risquer notre vie à cette tâche, parfois douloureuse. C'est votre génération qui aura à ensemencer ce sillon arrosé de tant de sang et à y faire germer une si belle moisson que les ruines et les tombes en soient bientôt recouvertes, et que tous ceux qui luttent aujourd'hui puissent se dire un jour : nos fatigues, nos blessures, notre mort même n'ont pas été inutiles. Faites donc provision abondante de bon grain en travaillant, en étudiant, et aussi en améliorant votre cœur. Bientôt, dans quatre ou cinq ans, quand vous serez un homme, vous aurez à l'employer.

Je vous écris des avant-postes, au milieu des bois. Aujourd'hui nous nous sommes battus, un caporal de ma section a été tué[1]. C'était un paysan de la Haute-Loire, père de quatre enfants; c'était aussi le soldat le plus courageux et le plus discipliné qui fut. Il était très pauvre, avait une nombreuse famille, et pourtant chaque jour modestement, silencieusement, il accomplissait son devoir et bravait la mort. Je le vois encore, tandis que je vous écris, me regardant avec de bons yeux fidèles et doux, exécutant mes ordres sans broncher. Il était parti comme volontaire pour une patrouille assez dangereuse, et quelques instants après je ramassais moi-même son corps étendu dans la neige. C'est un grand exemple que vous donne de

1. J.-B. Chénebert, caporal à la 9ᵉ compagnie, tué à Roche-Dure.

loin ce modeste paysan de la Haute-Loire, à vous qui êtes heureux et que la vie a comblé. J'ai le cœur profondément bouleversé d'avoir vu tomber ce brave petit Français ; je l'aimais beaucoup, souvent son courage patient et tranquille m'avait réconforté et je le prenais moi-même comme exemple. Vous ne le connaissiez pas, mais je vous envoie quand même cette image d'un inconnu comme un modèle. Pensez à lui, mon cher Pierre, comme à tant d'autres, morts également pour leur patrie.

Vous, vous devez vivre pour elle, travailler pour elle ; ces grandes pensées un peu austères doivent être constamment présentes à votre esprit et vous faire comprendre que, même pour un petit garçon de quatorze ans, il y a aujourd'hui un noble devoir à connaître et à pratiquer.

A sa femme.

19 janvier 1915.

..... J'ai quitté hier mon « Château de la Pierre Dure ». La veille de mon départ nous avons eu à repousser une petite attaque ; j'ai eu le regret de voir un de mes caporaux tué d'une balle non loin de moi. Pauvre petit ! C'était un de mes meilleurs caporaux, une nature douce et dévouée et que j'aimais beaucoup. J'ai pu faire descendre son corps jusqu'au village, et hier nous l'avons enterré. Un prêtre soldat a célébré l'office. Il faisait un temps superbe et glacé. Les Allemands bombardaient violemment certaines de nos positions non loin de là. Que de pensées mélancoliques en face de cette fosse ouverte, devant l'avenir si dur et si menaçant qui nous attend tous !

J'ai définitivement quitté la 9e compagnie pour prendre le commandement de la 8e, et je pense que d'ici quelque temps je serai nommé capitaine.

Les Boches s'agitent énormément ces temps-ci et prononcent constamment de violentes attaques. Ils ont, paraît-il, juré de nous chasser d'Alsace, à la suite d'articles qui les ont exaspérés, ont fait venir des troupes assez importantes, et nous n'avons plus guère de répit. La température et la neige rendent les opérations très pénibles, lorsqu'il faut passer la nuit en plein air par 10° de froid. Tout le monde commence à être éreinté. Leurs hommes sont également, je crois, sur les boulets, mais ils les remplacent constamment par des réserves nouvelles. Où prennent-ils ce monde ?

Thann a été violemment bombardée, et si nous conquérons jamais l'Alsace il n'en restera que des ruines. Mais tout cela c'est le secret chaque jour plus impénétrable de l'avenir...

25 janvier 1915.

..... Ceux qui sont à l'intérieur, tranquilles, au chaud, qui dorment en paix toutes les nuits, ignorent ce qu'est la guerre. Essayez, une nuit où il pleut, d'aller vous étendre une heure dans le jardin. Vous serez dans un état pitoyable. Et quand ce n'est pas une heure, mais des nuits et des jours où il faut vivre ainsi, quand à cela s'ajoutent les obus et les balles, vous vous ferez une faible idée du sort que subissent courageusement et sans murmurer un million de fantassins. Quant à s'en réjouir il faut avoir la cervelle ingénieuse des embusqués pour avoir des idées aussi absurdes. Le salut du pays d'abord, puis que la paix sera la bienvenue. Voilà la vérité toute nue.

Ne vous alarmez pas trop. Que Dieu nous accorde de nous revoir bientôt.

..... Ma vie militaire est toujours la même : Avant-postes. Nous avons construit des abris souterrains pour dormir et vivre. Les Allemands nous bombardent et deux de mes chasseurs viennent d'être tués il y a une heure, deux autres blessés. Pauvres gens; quelle émotion de voir leurs corps affreusement mutilés! On continue à se battre beaucoup dans un terrain épouvantable, sans résultat, et on grogne contre les états-majors qui à trente kilomètres en arrière ordonnent parfois des mouvements et des attaques presque impossibles et où tombent des centaines de soldats. Nos bataillons alpins sont rudement mis à l'épreuve. Il y a eu plus de quinze cents hommes hors de combat en moins de quatre jours.

Les Allemands ont fait venir des forces considérables, et nous ne sommes pas bien nombreux. Enfin on tiendra jusqu'au bout.

Le lieutenant Félix Chautemps, l'ancien député de la Savoie, vient d'être tué tout près d'ici. Il est mort héroïquement à la tête de ses chasseurs en chargeant. Tout le monde n'en parle qu'avec admiration et respect.

..... Les paquets nous sont apportés jusqu'aux tranchées avec les vivres et les lettres. Mais quand on est en première ligne, on reste dans la tranchée toute la nuit, assis comme on peut, les pieds dans l'eau, et il fait trop froid pour dormir. Que les nuits sont longues !

Le matin, quand on couche dans l'abri et qu'il a été possible de dormir, réveil vers 6 heures et demie. Un quart de café. Puis toute la journée c'est la morne attente. On relève les sentinelles ; de temps à autre, patrouille pour voir ce qui se passe. A midi, le ravitaillement arrive en arrière des lignes. Des hommes vont le chercher ; il y a des journaux désespérément vides, des lettres. C'est le bon moment de la journée. L'après-midi se traîne ; enfin la nuit, qui fait cesser la canonnade. Et le lendemain, alors, on recommence. On finit par ne plus penser à rien, et attendre son sort avec fatalisme.

28 janvier 1915.

..... Je réponds à vos questions.

Lorsque nous sommes dans la neige nous mettons sur nos bérets des couvre-béret en toile blanche; ainsi, debout dans la tranchée, nos têtes ne se voient pas sur le parapet neigeux. Au contraire le béret sans couvre-béret formerait une tache noire et servirait de cible aux Boches.

Vous me demandez comment on fait pour les blessés. Quand ils sont atteints par les obus, c'est-à-dire sur place, on les pose comme on peut dans la tranchée, et la nuit venue les brancardiers viennent les chercher. Mais il faut encore les évacuer, et dans nos montagnes, avec la neige, c'est très difficile. Il s'écoule au moins vingt-quatre heures entre le moment où le blessé est atteint, et celui où il peut être mis dans un hôpital. Que de souffrances! Parfois des hommes sont blessés dans une attaque, et si la tranchée ennemie n'est pas prise, il faut les laisser sur le terrain; impossible de les relever, et la plupart du temps ils meurent de froid.

L'autre jour les Allemands attaquent une de nos tranchées et sont repoussés. Toute la nuit tirailleries incessantes entre les deux tranchées ennemies, et les blessés allemands appellent et gémissent sans qu'on puisse leur porter secours. Au matin les Allemands se sont complètement retirés. Une patrouille est envoyée en avant. Il a beaucoup neigé. Soudain de la neige un bras sort et s'agite faiblement. C'est un blessé allemand. Il y a dix heures qu'il est tombé avec une balle dans le ventre. Vite on le relève, on l'emporte, on cherche à le ranimer. Il a les deux pieds complètement

gelés, et ne meurt que le soir, très doux, très
calme, en tenant la main de l'infirmier français
qu'il a supplié de ne pas le quitter. Quelle horreur
que la guerre! Etre tué n'est rien, mais agoniser
ainsi durant des heures, sous le froid, la neige,
sans secours, perdu dans la nuit, doit être affreux.
Et c'est chaque jour le sort de milliers d'êtres
humains. Et quels criminels que ces grands digni-
taires allemands de l'Empire qui ont déchaîné
une aussi affreuse catastrophe sur le monde !

J'ai rencontré un de mes camarades du barreau
de Paris. Jadis exempté, puis pris depuis la
guerre, envoyé dans un dépôt, il arrive pour renforcer avec d'autres camarades les effectifs d'un
régiment d'infanterie. Il a trente-neuf ans, deux
enfants et à son âge faire campagne comme simple
pioupiou, dans la neige, au milieu des balles et des
obus, doit être joliment dur. Il était, quand je l'ai
vu, plein de courage. Pendant ce temps des jeunes
gens de vingt et vingt-deux ans sont à l'arrière.
Je comprends qu'il y ait des gens qui protestent;
c'est tout simplement scandaleux.

Nous avons une petite baraque pour mes lieutenants et moi. Si le canon ne tonne pas trop, le
soir venu, on joue au bridge. Quand les obus
arrivent en trop grand nombre, tout le monde se
réfugie dans des abris creusés sous terre. Mais on
finit par ne se cacher que lorsqu'il n'y a pas
moyen de faire autrement. Beaucoup d'obus n'éclatent pas. Les chasseurs déclarent avec mépris que

les canons allemands ne les tueront pas, et il faut
que je me fâche pour les faire abriter. C'est ainsi
que, l'autre jour, un de nos chasseurs a eu la tête
emportée. Je n'ai jamais rien vu de plus horrible
que ce corps décapité, avec la cervelle jaillie à plus
de trente mètres. Un autre a été tué par le même
obus, et deux autres blessés. L'un était en train de
rouler une cigarette et l'autre de boire un verre
de vin. Ils ont été foudroyés à la même seconde.
Au moins ils n'ont pas souffert. Nous les avons
enterrés avant-hier sous la neige; leurs camarades rendaient les honneurs, et un sergent (un
instituteur) récita le De profundis auquel répondaient des voix enrouées et secouées de sanglots.
J'ai dit quelques mots sur ces tombes; on a planté
deux croix et chacun est retourné à son poste.....

A Mesdemoiselles J. et C. Marbeau.

31 janvier 1915.

Comme je suis en retard pour venir vous remercier de vos délicieux caramels. Ils sont arrivés
intacts et exquis dans leur boîte de fer-blanc et, à
peine le paquet déballé, votre œuvre a connu le
succès le plus triomphal. Tout le monde m'en
redemandait après y avoir goûté; mon capitaine
les mastiquait consciencieusement et marmotait
avec effort : « ça colle, mais que c'est bon ». Et
comme il est très gourmand, il en reprenait sans

cesse. Bref j'ai dû les cacher au fond de mon sac pour les savourer comme un égoïste. Vous savez bien, mes chères belles-sœurs, que non seulement mon estomac, mais aussi mon cœur était à la fête et j'étais tout ému en pensant que ces délicieuses sucreries étaient votre œuvre, que vous aviez mis non seulement les doses voulues de miel, de chocolat et de sucre, mais encore un peu d'amitié pour celui à qui elles étaient destinées. Cela m'a rappelé les après-midi du dimanche à Fleury, le thé entre deux parties de tennis, et les chers souvenirs de jadis. Que cela est loin, et quel abîme ces six mois de guerre ont creusé entre notre passé heureux et insouciant et l'avenir encore si incertain ! Enfin, espérons que ces bons jours reviendront, dans pas trop longtemps (d'ici un an ou deux !)...

... En attendant je continue à vivre dans la neige et le froid. Ma compagnie est installée tout entière sur un petit sommet, fort convoité, paraît-il, par les Boches et que je suis chargé de défendre. Jusqu'ici nous n'avons reçu que des obus, qui n'ont pas causé trop de pertes, mais aucune attaque d'infanterie allemande. Nous avons d'abord vécu dans le brouillard le plus intense. Depuis quatre jours il fait un temps superbe, et les nuits sont splendides. Je viens de rentrer d'une ronde d'avant-postes. Tout autour de moi les vallées et les sommets des Vosges se détachaient dans la nuit claire, les arbres chargés de neige et immobiles se dressaient comme d'énormes bouquets ; j'allais seul avec deux chasseurs à travers l'étendue silencieuse et immaculée, et c'était si blanc, si pur, si calme que j'en oubliais la guerre. Deux ou trois coups de fusil et des balles qui sifflaient à mes oreilles m'ont vite rappelé à la réalité et à la nécessité de se cacher.

Nous ne sommes heureusement pas obligés d'occuper les tranchées constamment et ainsi nous ne souffrons pas du froid. J'ai une petite baraque où je peux me chauffer, lire, écrire et manger.

Nous avons à la compagnie un cuisinier épatant. C'est un marchand de parapluies de Marseille, vif, débrouillard et dévoué. Tous les soirs je lui demande avant de me mettre à table : « Eh bien, Raynal[1], est-ce bon ? » Et il soupire : « Ce cochon de poêle me fait faire un métier de patachon. Le fricot sentira la fumée », car nous n'avons qu'un petit poêle qui fume comme l'enfer. Ce qui ne l'empêche pas de nous confectionner des beefsteacks aux pommes tout à fait succulents. Ainsi passent les jours, un peu lents, un peu tristes et parfois un peu trop pleins de fatigues, de souffrances et de dangers. Où nous mènent-ils ? Quand finira la guerre ? Ce sont des questions que nous nous posons tous avec une certaine anxiété. Enfin, qu'importe ! Vous vous rappelez le vieux proverbe français : « Fais ce que dois, advienne que pourra ». Nous nous le répétons tous à chaque instant de la

---

1. Raynal a été tué le 23 octobre 1917, au Chemin des Dames. Par sa valeur militaire, il était devenu successivement adjudant et sous-lieutenant.

journée, et il nous donne la force d'accomplir notre devoir et de l'accepter, en grognant bien entendu, mais d'un cœur qui reste joyeux et confiant.

Vous aussi, vous devez avoir des moments de tristesse. Pensez à ceux qui sont plus malheureux que vous et à tout ce que la vie vous donne de joie, de douceur, de confort, alors que tant et tant sont sans abris, sans ressources ou pleurent leurs morts.

A sa femme.

2 février 1915.

..... A l'heure actuelle je suis au M...[1] dont parlent les journaux. C'est un point important que j'ai depuis dix jours solidement fortifié, avec de grandes pentes dénudées en avant, ce qui rend la défense très facile contre les attaques d'infanterie. Les Boches peuvent envoyer un régiment s'ils le veulent ; je suis bien sûr de les arrêter avec ma seule compagnie.

Il n'y a que les obus contre lesquels nous ne pouvons rien. Mon ancienne section, depuis mon départ, a été fort éprouvée, avec un obus qui a tué deux hommes et blessé cinq ou six assez gravement. J'en ai été attristé, car je connaissais depuis six mois tous ceux qui viennent de tomber. Si

1. Molkerain.

j'étais encore à cette section, j'aurais le cœur déchiré devant ces vides. Pendant l'engagement on ne fait pas attention à ceux qui tombent ; ce n'est qu'après, lorsqu'on relève leurs corps, que toute l'horreur de la mort et de la guerre vous apparaît et vous bouleverse. Un de ceux qui viennent d'être tués était dauphinois ; il était très gentil, silencieux et discipliné avec un joli visage imberbe. Ses camarades l'appelaient « la fille », bien qu'il fût très robuste. Que de fois, aux mauvais moments, je lui ai dit : « Allons, mon petit, courage, on reverra les Alpes ». Et il me répondait en souriant : « Peut-être, mon lieutenant ». Si j'avais été là quand il a été tué, quel déluge ! Enfin, nous n'y pouvons rien. Quand j'ai quitté la 9ᵉ compagnie, tous mes chasseurs sont venus me dire adieu et me serrer la main. Il y en a qui pleuraient. Pauvres enfants ! comme on arrive à les aimer, même ceux qui ne valent pas cher.

Aujourd'hui tempête de neige, obus, mais aucun dégât. Je m'occupe activement de ma compagnie...

A ses parents.

2 février 1915.

... J'ai pris définitivement le commandement de la 8ᵉ compagnie. C'est une responsabilité assez lourde que d'être le chef d'une unité et d'avoir sous ses ordres deux cents chasseurs. J'ai deux lieutenants très gentils, avec lesquels j'ai des relations affectueuses. L'un est ingénieur électricien à Paris, célibataire, très gai, très actif. L'autre est professeur à l'Université et marié. Je pense que je pourrai exercer dans de bonnes conditions mon nouveau commandement. Cette compagnie a besoin d'être reprise en main et un peu stimulée. J'ai dû réagir et indiquer que j'exigeais de tous l'accomplissement rigoureux de mes ordres en même temps qu'un esprit militaire plus énergique. Maintenant cela va bien, toute cette compagnie mieux entraînée sera un bon instrument de combat.

A l'heure actuelle ma compagnie occupe une position assez élevée, au milieu des neiges qui garnissent des pentes abruptes et constituent déjà un excellent instrument de défense contre toute marche ennemie.

Notre région, qui a été depuis cinq semaines le théâtre de violents combats, est beaucoup plus paisible. Ces combats n'avaient pas toujours été très heureux, et nos pauvres Alpins avaient eu de grosses pertes. Cela a amené le changement de plusieurs chefs, à notre grande joie; ils ont été remplacés par des hommes jeunes, énergiques, vivant près des combattants et se rendant compte de ce qu'on peut leur demander.

L'hiver toujours très rigoureux immobilise à peu près les troupes de chaque côté, et seule l'artillerie se fait entendre presque sans interruption. Bien entendu, j'en ai ma part, sans grandes pertes. Je connaissais ceux qui viennent de disparaître, et je n'ai jamais vu tomber des hommes placés sous mes ordres, avec qui j'avais vécu durant des mois, sans un profond bouleversement. Pendant le combat on n'y fait pas attention, mais après, lorsqu'on relève les pauvres corps inanimés, c'est un vrai déchirement que de voir ainsi frappés et souvent affreusement mutilés, des êtres jeunes, un instant avant pleins de vie, et auxquels vous lie cette mâle affection des mêmes devoirs et des mêmes dangers. D'ailleurs mes braves chasseurs, quand je les ai quittés pour passer à ma nouvelle compagnie, m'ont fait des adieux pleins de cœur ; plusieurs avaient les yeux remplis de larmes. Je suis convaincu que je retrouverai rapidement ici, quand nous aurons vu le feu côte à côte, la même affection naïve et touchante.

Voilà déjà un mois de la nouvelle année qui s'est écoulé, et d'après les communiqués, il ne paraît pas qu'il ait été très heureux pour l'Allemagne. Ne nous illusionnons pas cependant. Nous avons devant nous un ennemi formidable et des soldats très courageux. Je les ai eus en face de moi, et il faut rendre hommage à leur audace, à leur ténacité, à leur mépris du danger. Il faut compter de longs mois, une année peut-être, avant que la poussée de nos armes, le péril économique ne leur imposent la paix.

Je vis dans de bonnes conditions avec un poêle, une bonne couche de paille, et cela nous semble du luxe après tant d'heures glacées dans la boue des tranchées...

A Madame Antonin Clerc.

3 février 1915.

J'ai reçu aujourd'hui votre paquet qui a été le bienvenu. Je n'ai pu résister au désir de goûter tout de suite la confiture de framboises qui est délicieuse. Elle m'est d'ailleurs arrivée avec le ravitaillement au moment où finissait notre déjeuner. Ce déjeuner était accompagné aujourd'hui d'un violent bombardement ennemi et nous étions accroupis à trois pieds sous terre avec un solide plafond de troncs d'arbres sur trois épaisseurs et cinquante centimètres de terre par-dessus. C'est vous dire que chaque obus était salué d'une joyeuse plaisanterie, car dans ces cavernes nous sommes à peu près invulnérables. Une bonne tartine de confitures par-dessus le marché, et les deux heures d'aubade boche ont été les plus gaies du monde. Mon ordonnance[1], à qui j'avais fait goûter de votre succulente gâterie, brandissait sa tartine à chaque détonation : « Eh ! coch... de Guillaume, viens donc la manger celle-là », et il engloutissait une énorme bouchée.

A 2 heures tout s'est tu et nous avons eu

---

1. Sejalon, tué à Roche Dure le 31 mai 1916.

aujourd'hui une fin de journée fort calme, par un temps radieux, dans un paysage d'hiver d'une splen deur féerique.

Je suis à 1.100 mètres d'altitude où je défends une position importante, ce qui explique la prédilection des artilleurs ennemis pour nous. Jusqu'ici heureusement nous n'avons eu que quelques tués et blessés. Les nuits par exemple sont glacées, sans compter les tempêtes de neige qui trop souvent remplacent le beau soleil d'aujourd'hui...

A sa femme.

3 février 1915.

Vite quelques mots à la galopade. Ma compagnie est relevée de son poste actuel, et nous partons en avant dans quelques heures nous installer en pleine forêt. Il n'y a, bien entendu, ni abris, ni refuges, et pendant trois ou quatre jours il va falloir coucher sur la neige à la belle étoile. C'est gai. Il fait un froid de chien, et j'avoue que je trouve un peu sévère de nous expédier ainsi. Il paraît qu'il y a urgence ; bref, le téléphone ne cesse de carillonner — grand affolement — et en avant vers cette situation où nous allons être comme de pauvres explorateurs perdus sur la banquise. Pourvu qu'il n'y ait pas trop d'hommes qui aient les pieds gelés. Enfin, à la guerre comme à la guerre : c'est le cas de le dire.

Je vous annonce que je suis nommé capitaine.
Mon commandant me l'a appris avec la plus grande
joie.

..... Il y a deux mois nous entrons dans un village et nous nous emparons du courrier que les
soldats Boches allaient expédier à leurs familles.
Dans une des lettres un des soldats disait : « Huit
croix de fer ont été distribuées dans ma compagnie,
mais ce sont les plus mauvais soldats, les plus pol-
trons, qui les ont obtenues »... . .   .   .   .   .

Je suis interrompu à chaque instant : on me
demande des ordres pour notre départ précipité ;
il faut que je règle une série de questions ; je dois
faire les notes de mes officiers ; une sentinelle vient
me chercher pour me montrer l'emplacement d'une
batterie ennemie qui tire sur une autre montagne
et dont on voit la flamme, et il faut que je téléphone
tout de suite le renseignement à la brigade. Bref,
pas un instant de repos.

8 février 1915.

..... Depuis ma dernière lettre, j'ai changé deux
fois d'emplacement. Nous avons d'abord occupé
les pentes d'une forêt en avant de Kohlschlag (voir
communiqués officiels qui signalent une légère
progression de ce côté). Nous sommes partis à
4 heures du matin pour arriver à 7 heures et demie
dans nos bois. Il faisait heureusement un temps
superbe. Nous nous sommes mis à l'œuvre tout

de suite, et, dès le soir venu, un abri était creusé dans la terre, était recouvert, et nous avons pu coucher au chaud. Le lendemain et le surlendemain, nous avons continué notre cité souterraine, abris et tranchées. Au bout de trois jours c'était terminé, et nous nous apprêtions à prendre un peu de repos. A ce moment, téléphone, et je suis averti que, le lendemain, ma compagnie doit s'avancer encore, et qu'il faut céder l'emplacement si laborieusement préparé à une compagnie de fantassins. Quel concert de malédictions aussitôt. Tous mes chasseurs en fureur déclarent qu'ils en ont assez ! qu'ils passent leur temps à préparer des abris et des tranchées pour les autres, qu'à peine le travail terminé ils doivent recommencer ailleurs et céder la place à « ces fantassins », qui ne savent que profiter du travail des Alpins. Là-dessus chacun allume sa pipe, et laissant mes chasseurs bien exhaler leurs sentiments, je rentre dans ma tanière de commandant de compagnie.

Le lendemain, quand nos remplaçants arrivent, ils sont accueillis à merveille, bien entendu. Et nous, en avant, sac au dos, fusil à la main, sur nos nouvelles positions où nous arrivons et recommençons dans l'eau et la boue notre travail de troupe laborieuse.

Depuis dimanche matin nous occupons des pentes boueuses non loin du Château de la Pierre Dure, d'où je vous écrivais il y a trois semaines. On a beaucoup augmenté l'effectif des troupes sur ce point. La petite baraque où j'ai vécu six jours solitaire et tranquille abrite quatre officiers et un médecin. C'est un affreux entassement. Il faut se déranger toutes les deux minutes : les uns chantent, les autres crient, celui-là déclare « qu'il en a soupé » et celui-ci qu'il est prêt à faire la guerre deux ans encore. Là-dessus le téléphone ; puis les malades arrivent, et le docteur assis sur un bout de planche les examine. Mon ordonnance me fait chauffer de l'eau pour que je me lave ; le cuisinier fend du bois, et explique à un sergent le commerce des parapluies avec des « Sainte Madone! » qui ponctuent ses explications. Bref, c'est un tohu-bohu, une agitation, un remue-ménage, dont vous ne pouvez vous faire une idée. De temps à autre des coups de fusil, et les balles sifflent jusque par-dessus notre tranchée. Je me demande comment je peux arriver à vous écrire.

A la suite des derniers événements militaires, on a changé nos généraux...

Notre nouveau divisionnaire est venu visiter notre ligne d'avant-postes et a été dans l'admiration des travaux exécutés par nos chasseurs en si peu de temps. Il a dit qu'il allait faire citer à l'ordre de la division nos deux compagnies qui occupent ces avant-postes.

Ne m'envoyez plus de livres pour le moment ; je mène une vie trop errante. J'ai lu Tess d'Uberville ; ce n'est pas mal, mais c'est bien le roman anglais avec ses longueurs, ses hors-d'œuvre et aussi son émotion et sa délicatesse sentimentale. Cela change de la littérature de ces dernières années, si sèche, si précise, parfois si brutale. Je prévois que ce genre reviendra en honneur. Après la guerre on aura soif de douceur, de sentiment, de tendresse, cela va être le règne de l'élégie et du roman qui fait pleurer les concierges.

Dites à Pierre que les personnes que lui a signalées son professeur ont été arrêtées depuis longtemps. Au surplus, nous étions infestés d'espions ; on a expulsé toute la population civile des villages qui sont près des avant-postes. Pauvre Alsace ! Les Allemands brûlent tout en se retirant, que va-t-il en rester !

Il fait aujourd'hui un temps affreux de pluie et de neige. Il y a de la boue jusqu'à mi-jambe, mais on nous a distribué des bottes en feutre avec chaussures en caoutchouc ; cela vient d'Angleterre et est d'une douceur et d'une chaleur délicieuses.

A Monsieur Charles Viraut.

8 février 1915.

Voilà longtemps que j'aurais voulu vous écrire. Mais depuis quelque temps nous menons une vie singulièrement agitée. Vous savez par les journaux que l'Alsace a été le théâtre de combats violents et que les chasseurs alpins ont été souvent à la peine. Mon bataillon a participé à ces divers combats et

le 1er janvier s'est passé dans les tranchées à côté
de Steinbach. Nous étions copieusement marmités
par l'ennemi. Nous n'avons heureusement pas eu
trop de pertes par le feu, mais que de pieds gelés !
Depuis nous avons occupé successivement pas mal
de postes, au milieu de la neige et des forêts,
creusant des tranchées, des abris d'artillerie,
vivant dans nos taupinières, recevant le feu de
l'ennemi et lui rendant la pareille quand nous le
pouvons.

Mais pour le moment c'est surtout l'artillerie
qui donne. Il y a eu de grosses pertes dans nos
bataillons, plusieurs unités ont été envoyées en
arrière pour se reposer et plusieurs généraux ont
été renvoyés définitivement. Heureusement ! Mais
hélas, ce n'est qu'après des événements qui nous
ont coûté assez cher.

Enfin, les Boches eux aussi ont trinqué dur —
et ont laissé des centaines de cadavres devant
nous. Toutes les fois qu'une troupe d'infanterie est
solidement établie, elle est presque inexpugnable,
sauf par l'artillerie. Les Allemands ont lancé jusqu'à un régiment contre une seule compagnie et
cela leur a coûté cinq cents morts, sans gagner un
pouce de terrain. Mais de notre côté quand nous
avons voulu attaquer leurs tranchées dans ces pentes
abruptes, hérissées de fil de fer, nous avons eu
des bataillons décimés en pure perte. Aussi je me
demande comment cela finira. Enfin, patience et
courage, mais attendons-nous à ce que ce soit long.

Ma lettre a été interrompue par une furieuse fusillade. Les Allemands ont attaqué de nuit (il est 19 heures) sur notre droite. Quel concert ! Tout vient de se calmer. Ma compagnie n'a pas été attaquée, mais tout le monde a dû se précipiter dans la tranchée prêt à bien recevoir nos visiteurs nocturnes, s'ils avaient la bonne idée de venir nous attaquer.

J'occupe des pentes que j'ai hérissées de tranchées, et j'avoue qu'une bonne masse de Boches se précipitant sur moi me ferait plaisir. Quelle salade nous en ferions et s'ils avaient notre peau ils la paieraient dix fois son prix. Mais ils sont calmes d'une façon générale et vont me laisser moisir dans la boue comme un rat pelé sans me permettre de leur tirer un feu d'artifice.

Je viens d'être nommé capitaine et je commande à deux cents chasseurs, plus muletiers et autres employés. J'ai une bonne compagnie et j'espère pouvoir faire avec elle de la besogne utile.

Je continue à bien aller. Évidemment c'est long et il y a des jours où nous regardons avec un peu d'angoisse du côté des nôtres en nous demandant quand et même si nous les reverrons.

Je garde toujours bon espoir ; nous nous retrouverons un jour, vous le verrez, et vous savez qu'à peine de retour je ne fais qu'un saut rue de la Boëtie, puisque j'ai depuis si longtemps l'habitude grâce à vous d'y avoir une seconde maison de famille.

LE CAPITAINE ROBERT DUBARLE A ROCHE DURÉ
(Février 1915).

A ses parents.

9 février 1915.

..... J'ai été nommé capitaine, il y a une dizaine de jours. J'en avais les fonctions et j'en ai maintenant les insignes. Ma compagnie manque de mordant et est trop disposée à attendre l'ennemi au lieu de l'aller chercher et à appliquer à la guerre le vieux proverbe du grillon : Pour vivre heureux vivons cachés ! Je vais tâcher de lui insuffler une ardeur plus combative. D'ailleurs après six mois de guerre la lassitude commence à se faire sentir, et évidemment pour des hommes qui sont constamment sur la brèche cette existence d'avant-postes, où il faut manier la pioche plus encore que le fusil, finit par être épuisante. Enfin le moral reste bon, mais on parle souvent de la paix, ce qui n'empêche pas chacun, petit ou grand, de faire son devoir jusqu'au bout. Personnellement je suis bien installé dans une bonne petite cahute. Les Allemands sont assez tranquilles et les deux armées donnent une impression de défensive presque inexpugnable. Cela peut durer des années à moins que les embarras financiers ou économiques ne contraignent l'Allemagne à la paix.

Je pense bien souvent à vous et suis constamment par le cœur avec vous et André, Henry, et la bande nombreuse si tendrement chérie de mes neveux.

À Mademoiselle Jeanne Marbeau.

10 février 1915.

Vous m'avez écrit hier une lettre si gentille que je veux y répondre tout de suite.

Savez-vous qu'il est actuellement 1 heure du matin, et qu'ainsi je commence avec vous cette nouvelle journée ? Je suis assis sur un bout de banc et je veille, tandis que la nuit s'écoule, que mes chasseurs montent la garde ou ronflent comme des toupies, et que dehors, dans une affreuse nuit de pluie et de vent, retentit sur ma droite la plus enragée des fusillades !

Que sortira-t-il de ce bruit qui remplit les ténèbres ? L'attaque qui se déroule à quelques cents mètres de mon poste, de l'autre côté d'un profond ravin, va-t-elle s'étendre jusqu'à moi ou continuerai-je une nuit paisible, au milieu de ce fracas qui fait rage, et tandis que si près de moi d'autres hommes combattent et meurent ? Cette question, je suis obligé de me la poser souvent avec un peu d'angoisse. Et c'est ce qui donne à notre vie si monotone, si lente, sa grandeur et son émoi, puisque chaque minute passe ainsi entre le devoir qui pèse sur nous et le péril mortel qui ne cesse de rôder autour de nous parmi ces bois. Aussi, ma chère Jeanne, comme il est doux de pouvoir se réfugier de temps en temps parmi de chers souve-

nirs, dans ce poste de combat où je veille et où
j'attends !

Depuis quelque temps j'ai eu besoin de songer
souvent au sermon que je vous ai fait sur la gaîté,
car les efforts, les fatigues et les dangers qui nous
sont imposés depuis six semaines ont rendu notre
existence très pénible et m'ont gratifié de la plus
détestable humeur du monde.

Quand on a passé un jour ou deux accroupi dans
une tranchée, les pieds dans l'eau et sous le feu de
l'ennemi qui harcèle sans cesse, on en sort presque
anéanti. Je me suis demandé souvent comment on
arrivait à supporter de pareilles fatigues. Mais
après quelques heures de repos, un peu de sommeil, une bonne soupe bien chaude, tout s'oublie ;
les pipes s'allument, les hommes rient et plaisan-
tent, et en avant vers un nouvel effort. Encore nous
officiers, nous sommes mieux nourris, mieux traités, et si nous avons la responsabilité du chef, nous
échappons au labeur incessant du simple troupier.
Il y a des heures où je suis en admiration devant
mes braves chasseurs, si doux, si patients, et qu'un
mot d'affection, une attention de leur chef réconforte et ravit. Et que de douleurs vraiment déchirantes dans ces humbles vies !

L'autre jour, le soir venu, je rentre dans un abri
que mes hommes avaient construit dans la journée pour y passer la nuit ; mon ordonnance m'apporte mon dîner ; les chasseurs tirent le leur de leur
sac, et en avant les mâchoires, au fond de notre

souterrain, où l'eau coulait du toit et le long des murs, ce qui n'empêchait ni les rires, ni l'appétit. Seul, juste à mon côté, un chasseur restait silencieux et sans manger.

« Eh bien, chasseur, lui dis-je, vous ne mangez pas ? — Je n'ai pas faim, mon capitaine », et il soupire profondément. « Allons, qu'est-ce qui ne va pas ? » Alors il tourne vers moi une grosse face barbue, désolée, pleine de larmes : « Ma femme est morte il y a huit jours, et j'ai deux petits enfants, sans personne pour s'occuper d'eux. » Que répondre à une pareille détresse ? J'en étais bouleversé ; j'ai essayé de le réconforter, je l'ai obligé à manger avec moi ; le lendemain j'ai écrit au maire du Puy, ville où se trouvent ces deux pauvres orphelins.

Hier soir, à 5 heures, fusillade intense ; je file dans la nuit commençante tout le long de ma ligne de tranchées voir si chacun est à son poste et donner des ordres. J'entends un pas précipité derrière moi ; c'était le chasseur en question sur mes talons. « Qu'est-ce que vous faites là ? lui dis-je brusquement ; votre section est de réserve, rentrez à l'abri ». Il me répond : « C'est justement, mon capitaine, comme la section est de réserve, j'ai pensé que je pouvais aller avec vous, au cas où il vous arriverait quelque chose ». N'est-ce pas touchant ? Il pouvait rester abrité avec sa section, et sans ordre il partait avec moi, s'exposait au danger comme pour veiller sur moi et me montrer sa reconnaissance du peu que j'avais fait pour lui.

Quand je me sens découragé par cette longue guerre, ou fatigué, je n'ai qu'à regarder ces braves gens, résolus et silencieux, et j'ai presque honte de moi devant leur calme, leur patience et leur dévouement.

Mais ne croyez pas que ma vie soit un martyre. Il y a de bons moments. Ma compagnie est à côté d'une autre compagnie du même bataillon. Quand tout est calme nous nous retrouvons entre officiers ; on organise des concerts ; l'autre capitaine connaît tout le répertoire de Montmartre, et en avant la musique ; ce sont des rires, des applaudissements. Parfois la sérénade est brusquement interrompue par des coups de feu ; tout le monde file à son poste ; et dix minutes ou vingt-quatre heures plus tard on recommence avec un entrain nouveau. Ou bien nous organisons de petits festins avec les douceurs que nous envoient nos familles et les suppléments que nous monte le ravitaillement.

Nous avons chaque jour les journaux et des lettres ; le bridge fait rage ; on fait mille paris sur la durée de la guerre, et les jours passent. Une semaine s'écoule, puis c'est un mois qui fuit, et l'heure viendra bien où nous verrons la paix, et où je reverrai Fleury et tous les vôtres.

Sur ce je vous quitte, car je tombe de sommeil, et c'est un de mes lieutenants qui doit veiller maintenant. La fusillade s'est un peu calmée, je viens de sortir, il fait une nuit d'encre et je me demande comment on peut arriver dans ces ténèbres à combattre et à se massacrer. Enfin, je serai renseigné demain matin. Je vais dormir et je prévois que je ne ferai qu'un somme, pourvu que les Boches ne viennent pas le troubler. Vous rendez-vous compte de la volupté qu'il y a à dormir chaque soir dans un bon lit bien chaud?

A Monseigneur Marbeau.

Hartfelsenschloss. (Château de la Roche Dure.)
12 février 1915.

Monseigneur,

Les 8ᵉ et 10ᵉ compagnies du 68ᵉ bataillon sont actuellement aux avant-postes, dans les tranchées, au milieu des bois, à quelques mètres de l'ennemi. Les officiers viennent de faire une petite collecte entre eux et me chargent de l'envoyer au grand Evêque et au grand Français que vous êtes.

Cet argent vous est envoyé pour venir en aide à nos camarades de l'armée et à leurs familles malheureuses.

Au capitaine André Dubarle.

13 février 1915.

J'ai été bien heureux d'apprendre que tu venais d'être décoré. J'attendais cette décoration

qui n'était que la récompense de tout ce que tu
avais fait, et je sais que la croix t'a été décernée au
milieu de l'affection, je dirais presque de l'admiration de tes chefs, ce qui a dû être pour toi la plus
belle et la plus profonde des émotions.

J'ai vu l'autre jour ton ancien chef de bataillon,
le colonel Hennequin [1], qui commande à côté de
moi un régiment de réserve et qui a l'air de regret-
ter ses chasseurs. Il m'a parlé de toi avec une
affection et une véritable admiration qui m'ont
rempli de joie...

A sa femme.

15 février 1915.

Je suis toujours au Château de la Roche Dure,
cela fait huit jours et voilà longtemps que je n'ai
résidé aussi longtemps dans le même endroit. Notre
vie est assez calme, et l'ennemi ne se montre pour
ainsi dire pas. C'est nous qui allons le trouver par
petites patrouilles qui se glissent près de leurs avant-
postes et leur tuent des sentinelles. La guerre est
une chose effroyable, lieu commun souvent répété
par Joseph Prudhomme et que je ne vous ménage
pas. Vraiment, se cacher derrière un arbre, ram-
per jusqu'à ce qu'on voie une sentinelle à son
poste, ou des ennemis qui vont chercher de l'eau

---

1. Tué en Alsace, le 12 janvier 1916.

ou préparer leur cuisine, et tranquillement les ajuster, les tuer et s'en réjouir, comme si on venait d'abattre un gibier rare, c'est d'une affreuse barbarie. Cet Allemand qui tombe la tête fracassée à cent mètres de moi par une balle, sans qu'il ait pu esquisser un geste de défense, c'est un ennemi de moins, mais que de larmes couleront peut-être demain, que de cœurs brisés, parce qu'un être cher ne vivra jamais plus ! A quoi bon raisonner et m'épancher dans ce filandreux sentimentalisme, puisque cela ne sert à rien. Mais quand cette tuerie sera enfin terminée, il faudra que chacun en ressente la profonde sauvagerie pour en épargner le retour.

Il a fait ces jours-ci un temps délicieux, un premier printemps doux et charmant qui semblait monter en hésitant du fond des plaines jusqu'à nos forêts. Ces premiers jours de soleil, de chaleur, sont un véritable délice ; mais ils portent avec eux tant de mollesse et d'alanguissement, qu'ils ôtent tout courage ; il serait si bon de se reposer, de s'unir à cette joie de la nature ressuscitée, au lieu de vivre dans la fièvre et dans l'attente. Il y a eu surtout deux ou trois crépuscules, tièdes, nuancés et délicats qui étaient un véritable enchantement. Et pendant ce temps, durant une accalmie, tout à coup les Boches nous lancent une vingtaine d'obus ; pan pan pan, ils tombaient les uns sur les autres avec un bruit de tonnerre et je me demande comment j'ai échappé à leurs éclats.

Cette brusque irruption de la mort, cette terrible mitraille inattendue, les arbres brisés, les hommes blessés et qui appellent, tandis que la nuit tombe lentement d'un ciel encore enflammé par le couchant, quel contraste vraiment pathétique entre la nature embaumée et maternelle et la guerre sanglante et meurtrière !

Au capitaine André Dubarle.

17 février 1915.

..... J'espère que tu vas tout à fait bien et que votre vie de tranchées n'est pas trop pénible. Ici nous sommes, après une période très mouvementée, dans un calme relatif. Ma compagnie est aux avant-postes sur les pentes d'une vaste forêt, qui termine les crêtes occupées par nous, dominant un étroit ravin de l'autre côté duquel sont les avant-postes allemands. Nous avons pu nous installer assez confortablement avec une ligne de défense très forte : tranchées sur des rochers abrupts, réseaux de fil de fer, etc.....

A côté des tranchées mes hommes ont construit des abris souterrains contre l'artillerie où ils peuvent vivre dans des conditions de confort suffisantes, puisqu'ils peuvent faire du feu. Ma ligne rejoint une autre compagnie de mon bataillon qui dévale sur d'autres pentes, et au point de rencontre se trouve un amas de rochers désigné sur les cartes par le nom moyenâgeux de Hartfelsen-schloss (Château de la Roche Dure). Nous y avons blotti des baraquements pour nos réserves, une petite cahute où je vis avec mon camarade. Nous sommes là depuis une douzaine de jours et nous ne demandons pas à être relevés, nous méfiant par expérience des prétendus repos, ...

. . . .

Depuis que je suis ici je n'ai eu à souffrir que de l'artillerie, qui m'a mis une dizaine d'hommes hors de combat. Les Allemands ne témoignent d'aucune activité ; leur infanterie se terre dans ses tranchées, et comme j'envoie de fréquentes patrouilles dans leurs lignes nous leur avons tué déjà pas mal de sentinelles, sans qu'ils aient jamais cherché à nous rendre la pareille. Au début de notre séjour en Alsace c'était le contraire et j'avais souvent admiré la hardiesse, le courage et la mobilité de leurs patrouilles. Il y a évidemment chez eux une usure et une fatigue analogues à celles dont nous souffrons.

Les fins de décembre et de janvier ont été marquées par de violents combats dans notre région. Le haut commandement et les états-majors lançaient des bataillons isolés pour faire des opérations dites d'ensemble. Les Allemands se rendaient d'abord, puis revenaient en force le lendemain avec deux régiments, et on a ainsi... finalement perdu des positions importantes qu'il eût été si facile d'occuper dès le début en force. On a heureusement fait pas mal d'exécutions...

Nous avons maintenant un divisionnaire, hier colonel, très allant et nous avons vu ce prodige de voir le général et les officiers d'état-major venir sur l'extrême ligne d'avant-postes. Il n'était que temps, car il régnait une véritable exaspération contre ceux qui imaginent commander des troupes et diriger des opérations du fond de leur lit avec un appareil téléphonique.

Quant à l'artillerie, ...

. . . .

mais quand elle, s'y met elle fait un travail épatant et nos grosses pièces ont un succès foudroyant.

. . . .

J'ai occupé longtemps une position avancée, le Sudel, j'y ai combattu, je l'avais organisé et en avais fait un petit fort. On nous envoie ailleurs ; la troupe qui nous relève reçoit des ordres abracadabrants : porter une tranchée en avant ; entre-temps, on retire toute artillerie du secteur, la tranchée est faite à l'emplacement indiqué, tout à fait en dehors de la position. Résultat : la tranchée est entourée par les Boches et les occupants sont faits prisonniers. Colère de l'état-major de la brigade. Après huit jours de palabres, on décide de reprendre la tranchée où les Allemands s'étaient installés avec une compagnie et trois mitrailleuses. Un beau soir, sans qu'un coup de canon ait été tiré, on lance un bataillon qui vient se briser contre une de ces défenses formidables que les Allemands savent si bien organiser, et en une demi-heure il laisse quatre cents hommes sur le terrain et dans les fils de fer ennemis, sans pouvoir bien entendu enlever la tranchée. Réémotion. Cette fois la division s'en mêle ; notre nouveau divisionnaire est là heureusement, et on fait venir de l'artillerie ; les tranchées boches sont copieusement arrosées et ensuite reprises avec des pertes très faibles.

Ces fautes meurtrières avaient causé dans la région beaucoup d'émotion et même de découragement. Mais il ne faut pas en exagérer la portée. Les Allemands aussi en commettent ; ils ont eu au début contre nous des attaques insensées ; le 28ᵉ notamment leur a démoli une brigade en vingt minutes ; le lendemain on comptait plus de quatre cents cadavres devant nos tranchées et pourtant l'attaque ayant eu lieu à 5 heures du soir, toute la nuit les Allemands avaient charrié des blessés et des morts.

La vérité c'est qu'une troupe d'infanterie solidement retranchée est pratiquement inexpugnable par l'infanterie. Seule la grosse artillerie peut en venir à bout. Mais si derrière la première tranchée il y en a d'autres, l'ennemi peut toujours se replier par un boyau, en même temps que l'assaillant, à peine installé dans la tranchée démolie, sera par contre exposé à son tour à un feu intense et à une attaque d'infanterie, contre laquelle il lui aura été difficile de préparer les moyens de défense. Si les Allemands n'étaient pas en France et en Belgique ce siège pourrait continuer sans dommage. La maîtrise des mers, l'épuisement économique de l'ennemi, seraient des facteurs primordiaux. Mais hélas! notre mauvaise préparation, les funestes erreurs politiques et militaires du temps de paix nous ont coûté les premières défaites que six mois d'efforts n'ont pu encore réparer...

Comme toi, comme tous nos camarades, je suis résolu à faire mon devoir jusqu'au bout, mais une seule chose me fera plaisir, c'est la fin heureuse de ces longs mois de souffrance et d'anxiété. Les non-combattants, ceux qui en France ne voient l'armée que sur les visages vermeils et épanouis des embusqués, s'imaginent presque que la guerre est une partie de plaisir et les tranchées un lieu de délices. Il vaut mieux qu'il en soit ainsi, car toute difficulté intérieure est évitée. Mais j'ai quelques camarades de mon âge qui sont réformés, ou dans les services automobiles à Paris, et qui écrivent des articles belliqueux dans les journaux ou qui m'envoient des lettres pathétiques ou enflammées qui ont le don de m'horripiler. Qu'ils viennent donc un peu au milieu de nous se battre ou qu'ils se taisent.

. . . .

Si au moins ton bataillon pouvait se joindre à tous les bataillons de chasseurs qu'on a amenés par ici ! Quelle joie de te voir, mon bon et cher André ! Ce serait une telle douceur, une telle consolation pour moi que de t'embrasser, fût-ce une minute. Enfin, espérons que ce bonheur nous sera accordé après la guerre et que nous nous retrouverons sains et saufs après cette dure épreuve.

A sa femme.

18 février 1915.

..... Vous avez vu que le Sudel avait eu l'honneur des communiqués, mais mon bataillon n'y est plus depuis longtemps; nous sommes beaucoup plus en avant, et ce sont des opérations qui se font sur notre flanc. Elles ont d'ailleurs bien réussi, mais quand viendra la vraie victoire décisive, qui en finira enfin avec ces massacres?

J'ai reçu ce matin la lettre de la veuve d'un de mes chasseurs. Je vous l'envoie, tant je la trouve touchante dans sa simplicité, sa résignation, son patriotisme. Pas un mot de récrimination. Et son mari était un petit entrepreneur de campagne faisant bien ses affaires. Lui mort, c'est la pauvreté, là où, grâce à lui, régnait hier une vie facile et abondante. Quel exemple pour nous tous!

Je pense que Jeanne aura reçu une lettre que je lui ai écrite par une sale nuit où la fusillade faisait rage et où toutes les deux minutes il fallait me lever, aller à mes tranchées voir si l'ennemi ne venait pas, si tout le monde était à son poste de combat. Je n'avais guère la tête à moi, et si ce n'avait été pour cette chère belle-sœur, je n'aurais pu m'arracher deux mots de la cervelle. Ce soir

également notre région est fort en l'air. Il faut que
je sois debout demain à 5 heures, et il est 11 heures
du soir. Tous mes camarades dorment depuis
longtemps, et seul je veille pour vous afin que ma
lettre parte demain...

A Monsieur L. Daigremont,
maréchal de logis au 33° régiment d'artillerie.

19 février 1915.

. . . .

Quand nous reverrons-nous et nous reverrons-
nous jamais ? Cette guerre est si longue et la fin en
paraît si éloignée ! Je suis aux avant-postes avec
ma compagnie dans un grand bois, au bas de
pentes que terminent les crêtes occupées par nos
troupes. A mes pieds, à quelques mètres, un petit
ravin, et, de l'autre côté, les Boches. Je les entends
fendre leur bois et la nuit j'entends leurs sentinelles tousser. Cela ne nous empêche pas de mener
une vie assez calme. Nous avons des tranchées,
des fils de fer, des abris souterrains, et nous
finissons par vivre fort tranquilles. De temps en
temps un engagement, un vif dialogue à coups de
fusil, puis tout rentre dans le calme. En quinze jours,
je n'ai eu que vingt hommes hors de combat à ma
compagnie. Au fond, que c'est triste la guerre, en
dehors de l'affreuse horreur de la mort invisible
qui à chaque instant rôde autour de nous, sans

qu'on puisse même voir par qui on est frappé ! Les Boches paraissent pour le moment avoir pas mal de frousse. Les premiers jours ils m'ont un peu embêté, puis nous leur avons envoyé des patrouilles, surpris des sentinelles que nous avons fusillées à moins de vingt mètres, et les voilà tapis chez eux. La parole est surtout au canon. Nous avons de la grosse artillerie qui leur a fait beaucoup de mal. A la jumelle, je voyais sauter en l'air leurs tranchées avec les hommes qui étaient dedans. C'est ainsi que nous avons pris les ouvrages en avant du Sudel dont parlaient les communiqués officiels, sans presque tirer un coup de fusil. Quand nous sommes arrivés, le terrain ennemi était bouleversé, semé de cadavres déchiquetés, et les survivants, anéantis, tremblants, n'ont guère opposé de résistance...

A Mesdemoiselles J. et C. Marbeau.

23 février 1915.

J'ai reçu vos chocolats, exquis et délicieux, arrivés intacts et aussitôt engloutis par sept bouches avides et reconnaissantes, au milieu desquelles, rassurez-vous, ma bouche s'est taillée une large part.

Je suis en effet aux avant-postes, et comme deux compagnies sont côte à côte, au centre de la ligne il y a un petit chalet de bois, construit depuis quelques jours, et dans lequel tous les officiers se retrouvent aux heures des repas. Cela fait deux capitaines, quatre lieutenants et un médecin, soit au total sept guerriers, gourmands et avides de gâteries. La carte où il y avait vos deux noms ayant été vue, ce furent mille questions sur les mystérieuses Jeanne et Charlotte.

J'ai d'abord raconté que vous étiez deux Américaines, jadis connues à New-York, puis j'ai dit la charmante réalité, que j'avais deux belles-sœurs qui pensaient à moi, et qui étaient les plus délicieuses belles-sœurs du monde. J'ai ajouté que vous aviez vingt ans à peine, que vous dansiez à ravir et que je ne connaissais rien de plus digne de faire battre les cœurs. Vous voilà à la tête de six amoureux de plus, ma chère Jeanne et ma chère Charlotte ; vos noms sont célèbres, et j'ai promis que d'ici peu arriveraient des caramels mous, fabriqués par vos blanches mains, et qui déjà sont attendus avec impatience.

Comment sont ces amoureux, me demanderez-vous ?

L'un,… mange comme un ogre, chante comme un rossignol, dort le plus qu'il peut et boit mieux encore. Il adore l'armée et est amoureux de toutes les jolies filles de la terre ; c'est dire qu'il vous adore à la passion, puisqu'il a englouti pas mal de vos chocolats, qu'il espère en vos caramels et que je lui ai dit que vous étiez fines et gracieuses à ravir. Puis viennent mes deux lieutenants ; ensuite les deux lieutenants de l'autre capitaine, l'un, intrépide et excellent garçon, l'autre simple, modeste, très joli garçon, et qui a fait battre bien des cœurs d'Alsaciennes depuis six mois. Vient ensuite le médecin, élégant, impeccable, rasé de frais, sentimental et sentencieux, qui laisse entendre avec de discrets soupirs et des périodes fleuries qu'il a eu de grandes passions.

Ne voilà-t-il pas une belle théorie de cœurs enflammés ? Faut-il ajouter qu'à tous ces soupirants ignorés s'en ajoute un septième, un capitaine, pas trop vieux, pas trop jeune, pas trop grand, pas trop joli, pas trop laid, qui vous aime avec la plus tendre affection depuis qu'il vous connaît, qui pense à vous chaque jour avec beaucoup de joie, de douceur, d'émotion, et dont l'amitié à elle seule vaut mieux que l'ardeur des six autres?

L'avez-vous reconnu, ce septième de ceux qui vous remercient ? Je vous envoie sa photo ci-jointe, et je suis sûr que c'est pour lui que vous avez encore le souvenir le plus affectueux.

..... Toujours la même vie de sentinelle, vie assez paisible, assez gaie, assez confortable. Si à certaines heures vos cœurs sont un peu lourds en songeant aux absents, pour nous aussi il y a bien des moments de lassitude et de tristesse. Que de fois notre pensée s'évade vers ceux que nous avons laissés, que nous aimons et dont nous sépare la sanglante incertitude de la guerre. Mais enfin nous tenons bon quand même, nous sommes toujours prêts au devoir qui nous attend ; nous songeons parfois à la mort : elle est toujours trop près de nous pour pouvoir être oubliée, surtout lorsqu'on la regarde en face et sans en avoir peur; nous pensons bien plus encore à la vie, à laquelle nous rattachent tant d'espoir, la confiance du triomphe final, l'amour des chers aimés que nous reverrons un jour.

Dans toutes ces pensées tristes ou joyeuses, mais toujours si intenses et si graves, vous tenez toutes deux une large place. Votre amitié, le souvenir affectueux et délicat dont vous m'entourez depuis six mois, tout cela m'a attaché à vous plus que je ne puis vous le dire et j'aime voir en vous deux sœurs cadettes que je chéris avec cette tendresse que les grands frères ont pour leurs jeunes sœurs. Voilà de bien grandes phrases, allez-vous dire. Excusez-les; la guerre nous déshabitue de cette ironie railleuse dont nous sommes accoutumés en temps de paix en face de toutes les manifestations du cœur; et puis je vous écris si près de l'ennemi, au bruit continu des coups de fusil, que je suis excusable de ne plus savoir vous exprimer avec toutes les nuances voulues ce qui remplit mon cœur.

Il a fait tous ces jours-ci un temps doux et changeant avec de la neige le matin, puis des après-midi tièdes et délicieuses de printemps, de beaux soirs radieux qui tombaient lentement sur la forêt; et parmi cette joie émouvante du renouveau la guerre nous semblait plus triste et plus horrible encore. Mais ce sont des sentiments qu'il faut chasser. Nos bons Alpins sont moins raffinés. Ce soir un de mes postes a blessé un Allemand, et presque aussitôt une patrouille d'un autre bataillon d'un nouveau coup de fusil achevait le pauvre diable qui essayait de fuir à travers les arbres. C'était presque un enfant, dix-sept à dix-huit ans, imberbe, et dont le cadavre faisait pitié. Mais les chasseurs, sans songer à s'apitoyer, se mettent à se disputer avec fureur, chacun, le poste et la patrouille, revendiquant l'honneur de cet habile coup de fusil. J'ai secoué mon émotion qui aurait indigné nos soldats. Souhaitons ardemment le triomphe complet, définitif de notre patrie, pour que de pareilles horreurs ne se renouvellent pas à l'avenir.

Allons, il faut que je vous quitte. Il est tard. Je ne peux écrire que le soir, et quand je me mets à bavarder avec vous, je ne m'arrête pas. Rendez-moi un peu plus souvent la pareille.

Vos lettres me font encore plus de plaisir que les caramels ou les chocolats, et comme je suis seul à en profiter, mon plaisir m'en paraît meilleur.

A ses parents.

25 février 1915.

..... J'ai une bonne compagnie sur laquelle je crois que j'ai eu déjà de l'influence. Elle a été citée à l'ordre de la division pour avoir établi en quarante-huit heures un système de défense très complet et bien organisé sous le feu de l'ennemi. Cela a compensé pour mes braves chasseurs la petite déception d'être obligés de céder le terrain préparé par eux avec tant de courage, dès que le travail fut terminé.

. . . .

Ma compagnie occupe un secteur côte à côte avec une autre compagnie au bas d'une forêt et de pentes que termine un petit ravin, de l'autre côté duquel, à cent mètres de nous, sont messieurs les Boches.

Au centre, il y a une petite baraque rustique dans laquelle nous nous retrouvons entre officiers, où nous prenons nos repas et passons une partie de la soirée. C'est grand comme un mouchoir de poche, mais nous y mangeons, lisons, écrivons, chantons, et même faisons de terribles parties de cartes qui sont pour nous la meilleure des distractions.

Parfois une bonne fusillade éclate au milieu de nos divertissements ou se mêle à nos chansons. En un saut chacun est à son poste de commandement, et, l'intermède terminé, on se retrouve avec un appétit plus aiguisé et une humeur plus joyeuse.

Je n'ai eu que peu de pertes ces temps-ci, l'ennemi étant fort calme et ayant, je crois, passablement dégarni son front pour transporter ses troupes en Russie ou en d'autres points. Donc pour ainsi dire pas d'incidents militaires, mais je ne crois pas que ce soit pour longtemps. En tous cas attendons et espérons. L'Allemagne se débat évidemment dans de grandes difficultés économiques. Pourra-t-elle franchir les cinq mois qui la séparent de la prochaine moisson ? C'est le secret de l'avenir. Pour nous, nous n'avons qu'à tenir bon jusqu'au bout.

Reçu aujourd'hui une bonne carte d'André qui me dit aller à merveille et, après quelques jours de fatigues en reprenant la vie de tranchées, avoir retrouvé sa pleine vigueur physique.

J'ai rencontré plusieurs de ses anciens chefs et vous ne pouvez vous imaginer avec quelle affection, quelle admiration véritable ils m'ont parlé de mon cher frère.

A sa femme.

25 février 1915.

J'ai reçu ce matin votre lettre du 19 février. Elle m'a trouvé, comme d'habitude, depuis trois semaines au même emplacement, et menant une vie agitée. Toute la journée en effet il faut aller de-ci de-là, parcourir mes tranchées, veiller à l'administration de ma compagnie. A chaque instant ce sont des alertes, car on tiraille ferme dans la région. Mais le secteur même de la Roche Dure est très calme. Notre plus grand ennemi, ce sont les poux qui ont fait une apparition foudroyante. Nous sommes aux avant-postes depuis des mois, il est très difficile

de se laver et surtout de faire laver le linge, et j'ai
pas mal d'hommes infestés de vermine. Le ravitaillement ne peut se faire que la nuit à dos d'hommes
et vous voyez comme il est commode d'envoyer à
l'arrière le linge de deux cents chasseurs, de le
faire remonter et surtout dans nos taupinières
d'obtenir que chacun se change. J'ai fait monter
du vinaigre et je vais tâcher d'enrayer le mal.

Le Sudel est un piton que nous avons couvert
de tranchées. Il est au centre d'une ligne de crêtes
qui partent du ballon de Guebwiller d'un côté, et
vont mourir au-dessus de Thann, à la fameuse
cote 420 qui domine Steinbach et dont il a été tant
parlé il y a six semaines.

La Roche Dure est très en avant du Sudel et tout
à fait en bas des pentes.

La ferme du Sudel est en avant du piton du
Sudel, de même que la cote 937 est à environ quatre
cents mètres du Sudel. Les Allemands y étaient
établis très fortement depuis le début de janvier,
et ce sont ces positions qui ont été enlevées il
y a quelques jours. La ferme qui s'appelle Goldematt est en arrière du Sudel, entre Goldbach et le
Sudel même. Si on part de la vallée de la Thur, où
sont Kruth, Saint-Amarin, et qui finit à Thann, on
grimpe sur une chaîne de montagnes. On trouve
d'abord Goldbach, puis la ferme de Goldematt, et
enfin la crête occupée par nous, et cette crête,
comme je viens de vous le dire, avait de nombreux
sommets, comme le ballon de Guebwiller, le

Sudel, le Molkerain. De l'autre côté de cette crête ce sont les Allemands. Nous avons franchi la crête en nous emparant récemment de la ferme du Sudel, de la cote 937 et en nous installant à la Roche Dure, position la plus avancée de nos lignes dans cette région des Vosges.

Je peux vous donner tous ces détails puisque maintenant nous sommes solidement établis; l'ennemi n'a pas l'air de chercher à nous déloger. D'ailleurs nous occupons une ligne excellente, et pour nous rejeter en arrière, il faudrait d'énormes sacrifices en hommes qu'il ne peut faire à l'heure actuelle.

J'ai reçu mon nouvel uniforme, il est si chic que je ne veux pas le salir dans la tranchée, et je continue à porter ma vieille culotte toute déchirée par les fils de fer et une vareuse percée aux coudes.

Je pense que ma lettre est arrivée avec ma photographie.

A Madame P.-J.-E. Rumeau.

28 février 1915.

. . . .

Que tous ces souvenirs du passé paraissent lointains! Ces sept mois de guerre ont creusé un abîme entre les années vécues avant le mois d'août et les semaines si lentes, si pleines d'anxiété et de fatigues qui se sont écoulées depuis.

Le danger est la chose du monde la plus facile à supporter, et même cette guerre imbécile de tranchées et de souterrains, où l'on ne voit jamais son adversaire, n'enlève pas au péril mortel, au sein duquel nous vivons, sa grandeur et son âpre attrait. Mais évidemment, il serait plus agréable de se battre vraiment, au lieu de s'enfouir dans des trous comme des rats, et d'avoir plus à redouter le froid aux pieds que le feu des Boches. Enfin ne discutons pas le genre de sacrifice qui nous est demandé aujourd'hui.

Quand il y a trop de mauvais moments, on serre les dents, on se cramponne à son devoir et en avant ! Dès que viendront les jours meilleurs, tout sera vite oublié, et je voudrais pouvoir vous envoyer dans cette lettre les refrains et les plaisanteries avec lesquels mes camarades et moi saluons la fin du jour, le feu des canons qui s'éteint et le dîner qui approche...

Nous avons eu aujourd'hui une journée particu-lièrement bruyante. Dès l'aurore — une aurore limpide et délicieuse qui éclairait notre forêt blanche de neige — l'ennemi nous réveillait à coups de canon, et jusqu'à 10 heures notre domaine de sapins et de taupinières avait les honneurs de son artillerie. Pas grand mal heureusement. Cette après-midi nos artilleurs ont répondu et ce fut assourdissant. Nous avons beaucoup plus de canons et surtout de munitions qu'eux, et nous voyions, à notre droite, sur un sommet âprement disputé, leurs tranchées et leurs occupants qui sautaient en l'air. Quel ravissement ! Pour nous, immobiles derrière nos tranchées, nous n'avons rien eu à faire, messieurs les Boches ayant jugé prudent de ne pas montrer le bout de leur nez. Seul un couple de lièvres, qui prenait ses ébats à trois cents mètres de nous, a été salué de quelques coups de fusil, mais il nous a tourné le dos sans autre forme de procès, tandis que, non loin, des Alpins d'un bataillon voisin avaient la chance de tuer trois Allemands et un cerf à coups de fusil. Aussi comme ils triomphent ce soir de ce double exploit !

Tels sont les menus incidents de notre vie. Ils ont leur gaieté, comme vous le voyez ; ils nous aident à supporter bien des heures de lassitude, de découragement, et tant de journées où notre existence de guerre est plus dure que je ne puis vous le dire. C'est un grand honneur qui nous est donné de défendre notre pays à une heure où tout son destin est en jeu. Si nous en revenons, ce sera une fierté, un réconfort pour le reste de notre existence. Si nous n'en revenons pas, nous laisserons une mémoire plus chère, et nous aurons eu une belle mort.....

A son père.

5 mars 1915.

..... La loterie a fait merveille. Je n'ai pu la faire tirer à cause du morcellement des sections, de la longueur du front et de l'impossibilité de déplacer les hommes. Mais j'ai divisé les objets en une série de lots et dans chaque escouade ils ont tiré au sort les douze ou quinze lots affectés à l'escouade. Tous les lots étaient pratiques et commodes et ont fait grand plaisir. Mes hommes ont été enchantés et m'ont chargé de bien vous remercier. Dites-le aux chères petites ; leur ingénieuse bonté a mis un peu de joie et beaucoup de sourires au cœur et sur les lèvres de braves chasseurs alpins.

Reçu une carte de Dasse tout près de moi au ballon de Guebwiller. Reçu également une bonne carte de F. Bergoënd [1]. Il est affecté au service des batteries de 95, qui servent surtout à ouvrir des feux violents et intensifs sur un point donné. C'est la plus loyale et la plus noble des natures, et la guerre doit être pour lui une vraie fête.

..... Vous avez su la mort de Chevillon, député de Marseille. C'était un charmant garçon, que je connaissais beaucoup. En quittant ainsi le Parlement pour aller à son devoir et à la mort, il a donné un fier exemple de courage à tous ceux qui ne songent qu'à fuir le danger.

Votre lettre m'a retrouvé au même emplacement que depuis un mois. Nous avons le bénéfice de notre existence pénible. Comme nous sommes constamment aux avant-postes, en première ligne,

1. Fabien Bergoënd, lieutenant de réserve au 6ᵉ régiment d'artillerie de campagne, tué en Champagne, le 1ᵉʳ octobre 1915.

on ne peut guère nous en retirer pour nous envoyer en renfort sur d'autres points.

Les Allemands ayant porté leur effort sur la vallée de Münster, notre secteur est à peu près tranquille, et tout se borne à des engagements de patrouilles et à des tirailleries de tranchée à tranchée.

Nous avons perfectionné encore notre organisation qui est vraiment inexpugnable. Je me demande d'ailleurs comment on pourra avancer, du moins par ici, vingt hommes dans ces bois et ces rochers, bien établis, peuvent tenir en échec une force deux fois supérieure...

L'état général de mes chasseurs reste bon. Evidemment ces sept mois de guerre pèsent sur eux, et ils soupirent après leurs femmes, leurs enfants, la terre natale, qui doit s'éveiller en ces premiers jours de printemps et dont l'appel silencieux émeut leurs cœurs. J'admire leur patience, leur résignation et quel exemple ils donnent, tous ces humbles, restés, malgré tant de privations, de souffrances, si fermes et si doux en face de leur rude devoir !

A sa femme.

7 mars 1915.

..... Nous avons pour le moment une neige épaisse. La Roche Dure et les forêts où sont situées nos tranchées disparaissent sous une couche blanche, et rien n'est plus joli que ces grands arbres qui s'élancent du sol immaculé et que troublent seuls quelques coups de fusil.

Je me suis replongé avec un courage amusé dans les nouvelles quatre cents pages de la *Foire aux Vanités*. Ces Anglais sont vraiment terribles dans un pays où « time is money », ce qui prouve qu'en Angleterre il n'y a que les gens qui n'ont rien à faire qui lisent, et expliquerait un peu le manque de culture de la classe moyenne, bourgeoise et commerciale, à moins que les Anglais ne considèrent la distraction littéraire comme une chose sérieuse et non comme un passe-temps futile, et qu'ainsi ils abordent sans effroi et lisent sans ennui les longueurs de W. Scott ou de Dickens. Les deux idées sont peut-être justes, après tout, car il est impossible de juger un peuple avec des généralisations hâtives et superficielles.

Notre vie est calme ; il y a eu quelques actions dans notre secteur, mais c'est surtout l'artillerie qui a travaillé. Les tranchées allemandes étaient si bien bouleversées que les chasseurs ont pu s'y installer sans coup férir. On y trouvait des têtes, des jambes, des bras, arrachés, éparpillés par les obus à plus de deux cents mètres des tranchées ennemies. Les événements ont l'air de marcher à peu près.

Ici, nous restons l'arme au pied. Il neige, puis il pleut, puis il reneige, au total, boue, humidité.

A Madame Édouard Marbeau.

10 mars 1915.

..... Jamais ma vie ne fut plus plate, plus monotone; seul, le ciel y met quelque fantaisie en nous
envoyant tour à tour, presque chaque vingt-quatre
heures, une pluie diluvienne et un horrible dégel,
puis une neige épaisse avec dix degrés de froid.
Aujourd'hui, c'est le jour du dégel, mais hier il y
avait vingt centimètres de neige, une bise glacée,
et toute la forêt craquait sous le vent et le froid.

A part cela, toujours les tranchées, quelques obus
par-ci, par-là, et des tirailleries entre sentinelles.
La seule diversion a été l'arrivée d'un bataillon
territorial de chasseurs alpins, qui est placé derrière nous, en deuxième ligne. Ce bataillon est
commandé par le peintre Desvallières, qui apporte
à son devoir militaire une activité, une ardeur
admirables. Son fils[1], qui n'a pas dix-huit ans, s'est
engagé dans un bataillon de chasseurs, qui a participé à quelques affaires assez rudes, tout à côté de
nous. Et le père, bien que dévoré d'inquiétude en
entendant l'enragée fusillade sous laquelle son
enfant pouvait tomber à chaque instant, avait une
sérénité, un calme profondément émouvants. Le
cher petit, heureusement, n'a rien eu; il a pu venir

1. Daniel Desvallières, tué le 19 mars 1915, au Grand Reichackerkopf.

embrasser son père deux jours plus tard ; il était
tout riant et enflammé ; il avait vu des Boches à
moins de soixante mètres et avait tiré sur l'un,
« un gros, caché derrière un arbre, qui a sauté
comme un lapin ».

Les autres officiers sont tous du Midi, très gri-
sonnants ; deux sont grands-pères, et vraiment,
malgré l'accent et les histoires terribles dont ils
ont toujours la bouche pleine, c'est admirable de
les voir, à un âge pareil, si pleins de courage, d'entrain et de zèle. Ils courent à travers la neige, le
froid et ne songent qu'à la victoire finale. La plupart ont des enfants sur le front, plusieurs sont
engagés volontaires et leurs fils sont partis à dix-
huit ans ! Les pères avec leurs cheveux blancs sont
dans des corps d'active ; jamais ils ne se plaignent
et ne parlent de leur fils que pour dire avec orgueil :
« Il se bat ». Comme tout ceci est noble et réconfortant !

A ses parents.

12-27 mars 1915.

..... Nous avons eu un retour de froid très vif
après un affreux dégel et nous sommes ensevelis
sous la neige. Mais l'état sanitaire ne s'en est pas
ressenti, et santé, moral, courage de tous restent
excellents. Les bonnes nouvelles de la guerre,
l'action sur Constantinople, la reprise de l'offensive russe, les combats heureux de Champagne,

tout contribue à entretenir l'espoir et la confiance. Par ici il y a eu quelques petites actions bien préparées, qui ont été très heureuses et ont réparé les erreurs et les pertes du mois de janvier. Les Boches m'ont l'air fort aplati, résistant mal à notre artillerie, perdant leurs tranchées et ensuite cherchant à les reprendre par des offensives en masse, aussi vaines que meurtrières pour eux. Leurs prisonniers ou leurs déserteurs se plaignent beaucoup de la nourriture, et s'ils voyaient l'opulence dans laquelle vivent nos chasseurs, leur sort leur paraîtrait plus misérable encore. Décidément chaque jour qui vient éclaircit l'horizon, et la victoire, si lointaine, si indécise nous apparaît mieux. Ne songeons donc pas à nous, moins que jamais, et ne voyons que l'orgueil, la fierté qui doivent remplir nos cœurs d'avoir pu être les modestes instruments de cette œuvre de salut et de régénération.

J'ai reçu, pour combler les vides de ma compagnie un peu éprouvée par le feu, une trentaine de territoriaux. Leur état d'esprit, leur courage sont excellents. L'un [1] d'entre eux a cinquante-deux ans ; il est engagé volontaire, a déjà été blessé et à peine rétabli a demandé à grands cris à être renvoyé sur le front. C'est le plus gai et le plus courageux de mes chasseurs. Il est tout grisonnant, mais vigoureux, intrépide, le sourire aux lèvres et la chanson à la bouche. Par-dessus le marché il est terrible-

---

1. Mignon, tué à l'Herrenberg, le 5 avril 1915.

ment ivrogne. Je le gronde amicalement, et quand il a bien bu, il me dit : « Moi, mon capitaine, je suis gentil, je sais me conduire, je ne fais pas de scandale, je n'aime le bruit que quand les Boches sont là ». Je le ramène doucement à son cantonnement, et le lendemain il lève vers moi sa tête toute grise, et il met plus d'intrépidité que jamais dans les patrouilles et les reconnaissances. Il faut le voir bien droit, bien calme quand les balles sifflent. Quelle vaillance simple et joyeuse !

Vraiment c'est un exemple émouvant quand on songe que ce brave homme est un simple terrassier à Épernay et cela console de tous ceux qui n'ont pensé qu'à fuir.

A sa femme.

12 mars 1915.

.....La fin de notre pauvre cousin Moleux[1] est bien triste. Avoir une première fois échappé à tant de dangers pour être ensuite tué ! Quel deuil pour les siens ! Cela m'a fait trembler pour mon cher André qui lui aussi a déjà vu la mort de bien près.

Quelle tristesse que la mort de ce pauvre Jean Maspero ![2] J'en suis tout ému. Cela me rappelle le Caire, il y a trois ans...

1. Pierre-André Moleux, capitaine au 103ᵉ régiment d'infanterie, blessé au combat d'Etho (Belgique), tué à Perthes-les-Hurlus, le 24 février 1915.

2. Jean Maspero, sergent au 31ᵉ régiment d'infanterie, tué à l'attaque de Vauquois, le 17 février 1915.

Vraiment quand je songe que personne de ceux qui me sont le plus cher n'a encore été frappé, je bénis le ciel, mais en même temps je tremble pour l'avenir. Jusqu'à la dernière heure il y aura des victimes, et je plains plus encore ceux qui auront supporté tant de fatigues et évité tant de périls pour tomber durant les derniers jours de la guerre.   .   .   .   .

.   .   .   .

A ses parents.

15 mars 1915.

Comment vous dire ma douleur en apprenant l'affreuse nouvelle?...

Vous savez avec quelle tendresse passionnée j'aimais mon cher frère André, et c'est pour moi un déchirement indicible que de savoir qu'il n'est plus. Il était notre force, notre rayonnement moral.

J'espérais qu'après ses blessures la guerre se terminerait heureusement pour lui. Il était si nécessaire à ses enfants! En partant il emporte avec lui le meilleur de nous tous, notre joie, notre fierté.   .   .   .   .

Il est près de ceux que nous aimons, et c'est parce qu'il était le meilleur qu'il a eu droit si vite au repos et à la récompense. Espérons en Dieu et en notre patrie qui nous imposent cet horrible sacrifice...

A Madame René Lisle.

16 mars 1916.

, ... J'ai appris il y a deux jours la mort de mon
frère et c'est pour moi une douleur indicible. Nous
étions liés l'un à l'autre par une ardente tendresse
fraternelle. Nous ne nous étions pas quittés durant
toute notre jeunesse, mettant ensemble nos joies,
nos tristesses, voyageant ensemble, partageant
ensemble les douleurs comme les premières exal-
tations qui marquent si profondément des cœurs
d'adolescents.

Soldat admirable il avait été en six semaines
cité quatre fois à l'ordre de l'armée, avait été
décoré, et atteint au milieu de septembre de cinq
blessures était revenu au front à peine rétabli,
sans même vouloir profiter de son congé de convalescence. Il est tombé le 4 mars en enlevant à la
tête de sa compagnie une tranchée allemande avec
ce courage héroïque qui le caractérisait...

A Madame Édouard Marbeau.

17 mars 1915.

..... Dans la vie si courte et si belle de mon
frère je ne connais ni une tache ni une défaillance
et quand je songe en pleurant à cette chère figure

bien-aimée j'y trouve tant de force, de lumière qu'elle m'éclairera et me fortifiera jusqu'à la fin de ma vie.

Ce n'est pas lui que je plains. Il est mort sans souffrance, pour son pays, à la tête de sa compagnie qu'il menait une dernière fois à la victoire, puisqu'il tombait près d'une tranchée perdue par d'autres la veille et que ses hommes entraînés par l'élan de leur chef reprenaient un instant après. Il a eu la mort qu'il méritait après une vie admirable...

A Madame André Dubarle.

18 mars 1915.

..... Comment vous dire la tristesse désespérée avec laquelle je viens à vous. Depuis trois jours que je connais le malheur qui nous frappe tous, je n'ai pu encore me faire à l'affreuse réalité...

Serrons-nous autour de son souvenir bien-aimé. S'il était là il nous le demanderait et en mourant il me semble qu'il nous a plus étroitement rapprochés les uns des autres...

Faut-il vous dire que tout entier je suis à mes chers petits neveux. Il faut que tous un jour soient dignes du père admirable dont ils porteront le nom. Il faut que sa chère mémoire soit constamment au milieu d'eux pour les protéger et un jour pour les guider et les conseiller... Que ce grand et lourd devoir ne vous effraie pas. Il vous aidera, croyez-le bien, et tous nous serons là près de vous pour vous soutenir de toutes nos forces...

A sa mère.

20 mars 1915.

..... Tâchons, non de nous consoler, ce qui est impossible, mais de nous résigner. Acceptons ce cruel sacrifice fait à notre pays et puisse de ce sang répandu sortir pour lui un peu de grandeur et de force.

Jamais la guerre n'aura sacrifié officier plus noble, nature plus belle ; jamais notre patrie n'aura exigé de nous un déchirement, une renonciation aussi absolue. Que cette héroïque et sainte mémoire nous environne ! Nous pouvons penser à lui avec tant de fierté ; rien dans cette vie sans tache ne peut laisser une ombre, un regret.

Il est mort en soldat comme il avait vécu, toujours debout, s'oubliant lui-même, les yeux levés vers son idéal.

Songeons à la grande tâche qu'il nous lègue. Elle aura ses difficultés, ses déceptions, comme tout ce qui est humain, mais aussi sa récompense, puisque c'est pour lui que nous l'accomplirons, et que c'est lui que nous tâcherons de faire revivre dans ses fils.

..... Il faut que ses enfants vivent réellement

avec leur père. Il faut chaque jour leur en parler, leur raconter doucement, tendrement, mais sans nous lasser jamais, tout ce que ce père adoré avait de beau, de grand, de généreux. Il faut, pour ces petites imaginations enfantines, célébrer aussi bien la beauté physique de leur père que sa beauté morale, nous mettre à leur portée, toucher leurs âmes et y graver en traits ineffaçables cette admirable figure. C'est l'heure où s'imprègnent dans l'esprit et l'âme des tout-petits des images, des pensées, des souvenirs qui les domineront toute leur vie. Ce sera notre tâche, ma chère maman. Vous qui saviez si bien nous ravir avec des contes de fées, vous pouvez pour ces chers enfants leur raconter non une fable, mais la plus belle des histoires, le récit mélancolique et trempé de larmes de cette vie de héros français et chrétien. Ainsi vous pétrirez ces âmes, vous les imprégnerez de l'âme même de leur père, vous poserez des bases solides à leur éducation. Aussi, il ne faut pas épargner à Louis la *douleur* qu'il doit ressentir. Rien n'est plus faux que de dire : qu'au moins lui ne souffre pas. Louis doit souffrir, doit pleurer ; pour cette nature vive, ardente, la douleur sera dès maintenant une austère et grande leçon. Des enfants qui perdent un père comme le leur doivent mesurer, autant qu'ils le peuvent, l'immensité de leur deuil ; sinon comment pourraient-ils aimer et se souvenir d'un père que nous ne leur aurions pas appris à pleurer? Il est assez grand pour cela, et il

a en vous des grands parents qui sauront mesurer
cette douleur, l'apaiser ensuite et réconforter
l'enfant. .   .   .   .

.   .   .   .

Voilà à quoi j'occupe mes pensées pour les distraire dans ma solitude et mon chagrin.

Au revoir, ma chère mère, je vous embrasse
pour deux maintenant, de tout mon cœur qui se
souvient, qui pleure, qui espère avec vous.

A sa femme.

21 mars 1915.

..... Acceptons notre fardeau de chaque jour ;
ne l'augmentons pas de craintes chimériques, et
puisons dans notre mutuelle tendresse la force
nécessaire pour supporter la vie et accomplir tout
notre devoir. Nous voyons chaque jour combien
elle réserve d'épreuves, et quelle force il faut pour
suivre modestement, humblement, mais sans faiblir
notre pauvre route.

Prenons l'habitude de regarder en face la douleur. Elle nous donnera la force de supporter les
petites misères, que nous jugerons à leur exacte
valeur. En même temps cet austère enseignement
nous donnera le désir de faire du bien autour de
nous ; il nous rendra indulgents aux petits travers
des autres, et nous comprendrons que la vie ne
vaut la peine d'être vécue que par le bonheur

que nous pouvons donner..... Hélas! tout cela ne me rend pas mon frère, je suis plus calme, plus maître de moi, mais plus triste encore, je crois.

..... Combien peu d'hommes approchent de lui! Combien peu ont cette grandeur morale, cette soif d'idéal, cette beauté qui remplissaient les moindres actes de son existence!

Tâchons de faire, sans trop murmurer, notre sacrifice à notre pays, d'élever au-dessus de notre douleur l'amour de la patrie, et d'accepter avec une douloureuse fierté l'épreuve qui nous est demandée.

J'essaie d'oublier un peu ma peine en voyant tant d'autres souffrances et je comprends que je ne fais que subir la loi commune. Mais pourquoi tant de détresse et de larmes et pourquoi cet inexorable destin qui accable tous les hommes! Enfin! ne cherchons pas à raisonner et les plus sages sont ceux qui peuvent de ce charnier qu'est l'humanité faire monter un cri d'espoir et d'amour vers un Dieu juste et bon...

A Madame René Lisle.

22 mars 1915.

J'ai trouvé autour de moi, dans mes chasseurs, de si beaux exemples de courage et de résignation. Deux de mes chasseurs ont perdu leur femme ces temps-ci; ils ont leurs enfants là-bas au pays, parfois dans le besoin. Et pourtant, sur leurs bonnes et rudes figures, tout inondées de larmes, pas un cri contre le devoir qui les retenait ici, loin des leurs. J'ai reçu il y a quelque temps la lettre de la veuve d'un de mes chasseurs récemment tué. Et elle me disait : « En bonne Française, je fais le sacrifice de mon époux chéri que j'ai donné à ma Patrie. Mais comme je me languis de lui. » Et pourtant il s'agit de très pauvres gens pour lesquels la mort d'un mari est un désastre à la fois moral et matériel. Je m'efforce de me pénétrer de toutes ces leçons, hautes et touchantes, de patriotisme et de ranimer mon cœur brisé avec la fierté que nous devons avoir de donner l'un des nôtres au salut du pays.

CHAPITRE V

KRUTH — MITTLACH — SCHNEPFENRIED

A sa femme.

25 mars 1915.

Depuis ma dernière lettre, nous avons changé de secteur. Dimanche à 3 heures nous étions prévenus par téléphone que tout le bataillon était relevé le soir même et expédié dare-dare pour une destination inconnue. Vif émoi. Nous étions fort bien installés, nous venions de faire construire un immense chalet pour les officiers de nos deux compagnies avec une bonne couche de paille, deux grandes fenêtres, bref un luxe inouï. Nous avions la veille reçu une salve d'obus boches, qui étaient tombés tout autour de notre petit palais sans le toucher, lui donnant ainsi le baptême du feu. Le matin même, quatre bouteilles de champagne étaient montées et nous devions organiser prochainement un banquet d'inauguration. Patatras ! en route. Le temps de boucler nos sacs et nous attendons l'arme au pied les troupes qui doivent nous remplacer. Pour ma part, je n'ai été relevé qu'à 10 heures du soir par une compagnie d'infanterie qui s'était perdue en route. Nous avons fait une marche de nuit fort rude, qui nous a amenés à 2 heures du matin dans la vallée, d'où un train nous a transportés jusqu'à Kruth où nous avons déjà cantonné en septembre. Et là, nouveaux ordres. On nous avait fait venir d'urgence à cause des attaques allemandes au Reichackerkopf. Mais entre temps, la situation avait été rétablie, nos positions reprises et nous sommes ici en réserve d'armée, c'est-à-dire devant être transportés là où il y aurait un coup de collier à donner.

Nous avons retrouvé avec un peu de plaisir la vie civilisée, un lit après six mois passés presque constamment aux avant-postes et sur les hauteurs. Il y avait plus de deux mois que je ne m'étais déshabillé et sérieusement lavé. Mais je serais volontiers parti pour une action un peu vive, car j'ai maintenant un terrible compte à régler avec les Allemands. Et puis en revoyant Kruth où j'avais passé quelques jours heureux et paisibles en octobre, j'ai mieux mesuré l'affreuse douleur qui, depuis, a si profondément bouleversé et déchiré ma vie. Pauvre André, comme sa pensée m'a constamment accompagné et comme elle est toujours près de moi, si belle et si triste depuis que je l'ai perdu !

Je vous disais qu'à notre ancienne position il y avait avec nous trois officiers d'artillerie. L'un habite Montevideo, en Uruguay ; c'est un délicieux garçon. Je lui ai promis d'aller le voir là-bas et il m'a dit qu'il nous ferait faire, à vous et à moi, en compagnie de sa femme, un superbe voyage au Brésil. Pourrons-nous jamais réaliser ces beaux projets ? Il est professeur à l'Université de Montevideo et me racontait que les Allemands y étaient exécrés. Le jour où la déclaration de guerre a été connue, il a failli se faire assassiner. Il est très blond, aussi le prenait-on pour un Allemand et la foule voulait absolument l'écharper. Dès la guerre déclarée, il a pris le paquebot pour venir prendre sa place d'officier de réserve d'artillerie, alors qu'il pouvait rester tranquillement où il se trouvait. Dernièrement, un éclat l'a frôlé et est allé couper en deux un tronc d'arbre contre lequel il s'appuyait, ne lui faisant qu'une légère écorchure. Si mon pauvre André avait eu la même chance !...

A son père.

26 mars 1915.

..... Nous n'avons fait que peu de chose dans la vie ; seul notre cher disparu a fait rayonner plus loin que nous ne le croyons son âme incomparable et avant de mourir à son poste il avait servi glorieusement sa patrie !

Chaque jour, je pense à lui, à sa figure si belle, à cette nature profonde, délicate, passionnée, qui s'était sanctifiée jusqu'à la perfection par l'accom-

plissement de son devoir ! Je m'inspire de ce qu'il
a été, de ce qu'il a fait.

..... L'éducation des enfants est avant tout œuvre
de fermeté et de bon sens. Il faut prendre les
enfants comme ils sont, se garder à propos de ces
petites natures, encore fragiles ou incertaines, de
toute généralisation et de tout système. Il ne faut
pas, pour un fait souvent insignifiant, voir en eux
des prodiges ou des monstres et prédire, quinze ans
à l'avance, qu'ils seront l'honneur ou la honte de
la famille. Il faut avec eux beaucoup de calme, de
bonté infinie, et de scrupuleuse attention. Ils sont
pleins de bons et de mauvais penchants, surtout si
ce sont des natures un peu riches. Si un mauvais
penchant se manifeste, ne nous en effrayons pas ;
et si, au contraire, c'est une heureuse disposition,
gardons-nous de chanter hosannah. Tâchons simplement de réprimer avec énergie et tendresse ce
qui est mauvais et de développer ce qui est bon.
La première chose, c'est que l'enfant ait « confiance ».
Il ne faut pas l'effrayer, ni le rebuter, ni le gâter ou
l'amollir. C'est une question de tact, de modération
et d'amour. L'enfant n'aime pas forcément celui qui
le gâte, de même qu'on peut l'adorer et se faire
détester de lui. Voilà bien des vérités de La Palice,
mais ce sont les meilleures à répéter et j'ai toujours eu pour M. de La Palice ou pour Joseph
Prudhomme, qui est sa forme moderne, beaucoup
d'amitié et même un peu d'admiration.

Que tous ces petits orphelins vivent constamment

dans l'adoration et la vénération de celui qu'ils auront si peu connu ! Que le cher disparu soit toujours au milieu d'eux ; qu'ils en parlent et qu'on leur en parle sans cesse. Nous pouvons tous leur manquer un jour. Qui donc veillera sur eux, les guidera, les inspirera, si d'instinct ils ne tournent leurs regards et leurs cœurs vers ce père qu'ils doivent aimer et connaître mieux encore que s'il avait vécu près d'eux ?...

27 mars 1915.

Ainsi que vous le savez, j'ai passé mon mois de février, et une partie de mars aux avant-postes, tout près de l'Hartmannsweillerkopf, dont les communiqués officiels vous ont souvent parlé.

Nous avons fini par nous y installer merveilleusement et par y vivre fort tranquilles malgré la proximité de l'ennemi. Notre position était excellente, nous y avions un réseau de tranchées vraiment formidable, avec boyaux de communication, abris contre l'artillerie, baraquements, etc.

Nos tranchées étaient même pavées en bois pour nous mettre à l'abri de l'humidité, et le sentiment de notre situation, si jamais l'ennemi nous attaquait, nous donnait une impression d'absolue tranquillité. Les premiers jours, ma compagnie a eu quelques pertes causées par les balles ou les obus. Puis les Boches avaient fini par ne plus venir se frotter à nous. Nous avions construit, au point où se rejoignaient les deux compagnies qui étaient chargées de la garde du secteur, une manière de chalet suisse en troncs d'arbres qui était le dernier cri du confort, de l'élégance et de la somptuosité. Un grand bat-flanc avec de la paille comme lit, une table pour écrire, une cuvette, une fenêtre, un poêle. Nous menions là une existance de villégiature au nez et à la barbe des Boches, qui à plusieurs reprises nous avaient couverts d'obus, sans pouvoir nous atteindre, tant nous étions bien dissimulés derrière des rochers.

Nous avions avec nous trois officiers d'artillerie, car, comme notre position était très avancée, sur une sorte de promontoire, elle leur servait d'observatoire d'où ils commandaient leurs batteries situées à deux ou trois kilomètres en arrière.

Malheureusement nous n'avons pu profiter de notre luxe. Nous n'étions que depuis quelques jours dans notre beau chalet lorsque nous avons été relevés brusquement, en pleine nuit, pour être expédiés ailleurs. Je crois que nous devions être envoyés en renfort du côté de Munster. Puis la situation s'était arrangée, nous avons été arrêtés en route, et nous voilà depuis dimanche dans un demi-repos, occupant un petit village paisible à l'extrémité de la vallée de Thur, non loin de notre secteur primitif du mois de septembre dernier.

Nous faisons de fréquentes reconnaissances ; nous aménageons de nouvelles crêtes à 1.200 mètres d'altitude, au milieu de trois mètres de neige ; puis nous rentrons le soir dans notre calme et rustique cité où nous connaissons pour la première fois depuis longtemps la douceur d'un lit. Il y avait plus de deux mois que cela ne m'était arrivé.

Ma compagnie continue à me donner satisfaction. Je commence à l'avoir bien en main et je crois que j'ai un peu augmenté sa valeur en m'occupant beaucoup d'elle, en donnant l'exemple de l'esprit d'ardeur et de discipline dont mon cher André m'a laissé la glorieuse tradition.

Je reçois chaque jour de mes chasseurs de bien beaux exemples de résignation, de courage et de patriotisme.

J'ai avec moi un brave garçon qui était employé dans une exploitation agricole aux États-Unis, sur les bords du Pacifique, et qui, dès qu'il a connu la guerre, est revenu en France, dépensant ses économies pour traverser l'Amérique. C'est un pauvre diable illettré, sans famille ni fortune, et qui ne se doute pas dans sa simplicité qu'il est un héros.

Que tous ces exemples nous soutiennent et nous réconfortent, au milieu de notre douleur. Regardons l'avenir, le salut de notre pays. Après la victoire, nous pourrons nous tourner de nouveau vers notre cher disparu et le pleurer avec le mélange d'orgueil et de désespoir que mérite sa mémoire.

A Monsieur Samuel Chabert.

29 mars 1915.

Merci, cher monsieur, de votre amical souvenir dans l'immense douleur qu'est pour moi la mort de mon frère. C'était un être admirable, une nature qui ne vivait que pour les autres et pour son pays. Je ne puis croire encore que je ne le verrai jamais plus. Enfin, tâchons tous d'accepter ces cruels sacrifices que notre pays nous demande, et puisse la victoire venir un jour mettre un peu de douceur et de joie au milieu de nos deuils.

A sa femme.

4-5 avril 1915.

..... Je passe mon jour de Pâques sous la neige. Depuis deux jours, nous vivons au milieu de deux mètres de neige par un froid glacial à 1.200 mètres d'altitude. Nous avons eu une série d'engagements assez vifs. Mon pauvre lieutenant Massiou a été mortellement blessé. J'ai relevé son corps sous une grêle de balles ; il est mort hélas ! le soir même. Tout cela est bien triste. Enfin courage...

. . . .

Il y a non loin d'ici un capitaine de territoriale, M. Richard Andrieu, qui est avocat à Toulon. Je le vois de temps en temps. C'est un homme charmant qui a demandé à faire campagne à cinquante ans. Il est extrêmement cultivé, dessine à merveille, et quand je peux le voir, c'est un vrai plaisir pour moi de causer art et littérature. Il est très fin, très spirituel.

A Madame Corbinaud.

6 avril 1915.

Madame,

Comment vous exprimer mon émotion, ma douleur en venant vous annoncer la triste nouvelle que mon cher lieutenant Gaston Massiou est mort glorieusement le 2 avril.

C'était un ami tendrement aimé, un soldat admirable, l'être le plus délicat, le plus noble, le plus charmant, et j'ai tant pleuré sur cette mort inattendue qu'il me semble que je peux de tout mon cœur brisé m'unir à votre détresse.

Gaston avait été commandé pour diriger une reconnaissance difficile ordonnée le matin même par le général de brigade. Nous avions déjeuné ensemble, et il était parti à midi, lorsqu'à 1 heure j'étais prévenu qu'il venait de tomber en avant de ses chasseurs, que son corps avait glissé sur la neige et que ses chasseurs, reculant sous une violente fusillade, n'avaient pu le dégager.

Je me suis élancé avec quatre chasseurs, dont

son ordonnance qui sanglotait. J'ai pu parvenir jusqu'à lui, mais sur les quatre chasseurs, trois tombaient aussitôt sur la neige gravement blessés. Mon pauvre ami reposait sur le dos, une balle dans le ventre. Il avait toute sa connaissance et souffrait à peine. Il ne songeait qu'à moi et aux chasseurs accourus avec moi. « Va-t'en, me disait-il, laisse-moi, tu vas te faire tuer ». J'étais si ému, si boule-versé que je ne savais qu'embrasser sa chère tête si pâle et si calme. J'ai pu avec le chasseur non blessé[1] le glisser sur un brancard et nous l'avons ramené au prix de bien des efforts dans nos lignes.

Il conservait sa sérénité, reconnaissait tous ses camarades accourus, nous souriait, nous réconfor-tait. Immédiatement pansé, il était emporté dans de bonnes conditions. Mais hélas ! sa blessure était sans remède, il mourait le soir même à 9 heures à l'hôpital de Moosch, entouré de tous les secours médicaux et religieux.

Il a été enterré au cimetière de Moosch le dimanche de Pâques à 1 heure de l'après-midi. Il vient d'être cité à l'ordre du jour de l'armée et était proposé pour la Légion d'honneur.

Que vous dire de plus, madame ? Il a eu la mort héroïque que rêvait son âme ardente et silencieuse. Depuis longtemps, il avait fait son sacrifice. Nous étions intimement unis. J'étais son chef, mais sur-tout son ami. Je l'aimais avec une tendresse vrai-

---

1. Il se nommait Amblard et a été tué en décembre 1915, à l'Hartmannsweillerkopf.

ment fraternelle. Comme lui, j'avais perdu, il y a quelque temps, un frère, capitaine de l'armée active, et ce malheur nous avait encore rapprochés.

Il était adoré de ses hommes, de ses camarades, de ses chefs. Sa mort nous a consternés, désespérés. Hier dimanche, à l'heure où sa dépouille mortelle était inhumée dans la vallée, une petite cérémonie religieuse a eu lieu ici même dans nos tranchées. Un aumônier a récité une prière et un dernier adieu a été dit à notre glorieux camarade devant sa section qui présentait les armes. Tous ces pauvres gens sanglotaient comme nous tous en pensant à leur cher lieutenant.

Il est mort la veille de cette fête de Pâques, qu'il s'apprêtait à célébrer avec sa ferveur religieuse. Il l'a célébrée dans le repos éternel et connaît déjà en partie la Résurrection promise à tous les cœurs d'élite comme le sien.

Veuillez agréer, madame, l'expression de ma douloureuse et bien respectueuse sympathie.

A Madame René Lisle.

6 avril 1915.

Depuis huit jours nous menons une rude vie d'attaques, de coups de fusil dans une forêt à demi ensevelie encore dans la neige, et où nous a conduits notre vie errante d'Alpins. Les premiers jours ont été durs, avec de terribles nuits, et nous n'avions qu'un trou dans la neige comme chambre à coucher. Notre dimanche de Pâques s'est passé au milieu de tourbillons de neige, dans une atmosphère obscure et glacée, qui était bien loin de la joie traditionnelle de cette fête. Nous commençons à nous organiser un petit peu, et à creuser une ville avec des rues nombreuses et de belles tranchées dans la neige accumulée par cinq mois d'hiver. Puissions-nous la quitter avant qu'elle ne s'effrite et ne disparaisse dans les horreurs du dégel.

J'ai eu hélas ! un nouveau et très vif chagrin. Mon lieutenant en premier a été tué au cours d'une reconnaissance. J'ai pu heureusement dégager son corps et le ramener dans nos lignes..... Déjà mourant il avait toute sa connaissance. Comme en arrivant près de lui, j'embrassais sa jolie tête si pâle, il m'a dit : « Laisse-moi, laisse-moi, tu vas te faire tuer. » Il ne songeait qu'à moi, au péril que je pouvais courir, et usait ses dernières forces à me supplier de l'abandonner. Quel héroïsme admirable !

Non loin, son ordonnance, le bras brisé, sanglotait dans la neige rouge de sang, refusant de s'éloigner quoique je lui dise, et répétant : « Mon pauvre lieutenant. » Je pleurais à chaudes larmes en même temps que je me sentais admirablement calme.....

Enfin j'ai eu la consolation d'adoucir ses dernières heures et de lui procurer une mort douce au milieu de visages amis.

Il avait mon âge. C'était une nature délicate et silencieuse, à laquelle je m'étais beaucoup attaché. Il était ingénieur à Paris. Nous avions fait jadis plusieurs périodes d'officier de réserve ensemble. Lui aussi avait perdu un frère récemment, capitaine de l'armée active et mort à l'ennemi. Lui aussi restait le dernier fils d'une famille jadis nombreuse. Et pourtant la mort ne l'a pas épargné.

C'est une douleur nouvelle au milieu de mon autre douleur.

Enfin, restons debout toujours et malgré tout. La guerre m'apprend à me sacrifier tout entier, non plus seulement en moi-même, mais, ce qui est plus dur, dans la personne d'êtres chers. Puissé-je jusqu'au bout faire mon devoir et être digne du lourd honneur qui pèse sur chaque Français combattant pour son pays.

A Mademoiselle Charlotte Marbeau.

11 avril 1915.

Voilà longtemps que je vous dois une lettre. Mais la mort de mon frère m'a tellement bouleversé, si profondément déchiré le cœur, que je n'osais venir à vous puisque je ne pouvais vous apporter que ma douleur et que mes larmes. Pourtant j'ai pensé à vous, et c'était une douceur pour moi que de songer à votre affection qui remplacerait un peu pour moi la grande, la chère affection

que je viens de perdre. Enfin, je ne veux pas vous
parler aujourd'hui de celui que je pleure et que je
pleurerai toujours. Je m'efforce même de ne pas
trop songer à lui ; nous n'avons pas le droit de
nous absorber dans la contemplation de nos
morts, à une heure où le plus grand et le plus
lourd des devoirs sollicite toutes nos forces. Regardons l'avenir, la tâche à accomplir, la route à parcourir. Quand nous aurons terminé, nous pourrons
alors nous retourner vers le passé, et donner à
nos disparus les regrets désespérés qu'ils méritent.

Ma vie militaire est devenue depuis quelque
temps beaucoup plus agitée et plus fatigante.
Mon bataillon fait partie d'une nouvelle brigade
où il n'y a que des chasseurs alpins, et naturellement nous avons toutes les corvées de la
région. Nous avons commencé par passer dix
jours au milieu de la neige ; il y en avait une
couche de plus de deux mètres, où nous avions
creusé nos tranchées, taillé des habitations, tracé
des rues et des boulevards. J'avais une belle petite
caverne toute blanche, avec un peu de paille, une
couverture, un feu de bois vert qui faisait fondre
mon plafond, chauffait mes pieds et me suffoquait
par une affreuse fumée. Cette vie d'Esquimau
manquait de charme. Elle a été rendue plus triste
encore par la mort de Massiou, mon lieutenant en
premier. Sa mort me cause un grand vide. C'est
une perte irréparable dans le commandement de
ma compagnie. Mon second lieutenant a été éva-

cué, étant tombé très malade à la suite d'une violente angine. Ma vie s'est faite ainsi tout à fait
solitaire et je mesure mieux l'étendue des sacrifices et des douleurs que la guerre nous impose.
J'ai également perdu un de mes chasseurs que
j'aimais beaucoup. C'était un engagé volontaire
de cinquante-deux ans. Il était terrassier à Épernay, et dès la guerre déclarée s'était engagé.
Blessé une fois déjà, il avait été versé depuis six
semaines à ma compagnie. Il était bavard, parfaitement ivrogne, mais d'un courage intrépide,
dévoué et fidèle comme un bon gros chien. Il a été
foudroyé presque à mes côtés d'une balle dans la
tête.

Ce sont de grands exemples que vous laissent
tous ces humbles, qui sacrifient sans compter leur
vie à leur pays et acceptent en riant les privations
et les fatigues de la guerre. Voilà encore une
image que je vous envoie, ma petite Charlotte,
celle de cet ouvrier hirsute, grisonnant, qui s'est
engagé pour défendre son pays et est mort pour
lui. De ces modestes et héroïques vertus que nul
ne connaît, que ne soulignent ni citation, ni récompense, se dégage une si haute leçon de courage et
de résignation, que nous devons la méditer et en
être réconfortés. Si notre sort nous paraît trop
dur et que nous soyons tentés d'en murmurer, songeons à ceux qui souffrent plus que nous et qui ne
se plaignent pas, à ces obscures et silencieuses
victimes, dont le sang baigne depuis des mois le

sol de notre Patrie et en fera germer le salut et la victoire. Ce n'est pas parmi ces ouvriers, ces paysans, que se trouvent les embusqués de toutes sortes, conducteurs d'autos, secrétaires de Conseil de guerre, plumitifs de tous genres, qui ne songent qu'à être loin du feu et à faire la guerre dans quelque bureau et à l'abri du danger.

Ce sera à vous, jeunes filles, à nous venger de ces « demi-déserteurs » et à leur infliger le châtiment qu'ils méritent. Vous devrez après la paix leur montrer le sentiment de mépris qu'ils vous inspirent et que ceux qui n'ont pas su faire leur devoir à l'heure du danger ne sauraient, après la victoire, en récolter le bénéfice. Je pense que vous les exclurez soigneusement de vos tennis et que vous les priverez du charmant plaisir de vous faire la cour.....

Nous sommes en pleine Sibérie. Ma compagnie a été retirée avant-hier de la glacière pour être portée sur un autre point d'où nous attendons le beau temps pour monter à l'assaut d'une importante position ennemie. Je pense que tout ira bien. Je suis parfaitement calme. Je m'occupe surtout de ma compagnie, qui, privée de ses deux lieutenants, sera plus difficile à commander et à mener à l'assaut. D'autres compagnies doivent agir avec la mienne et votre tendre cœur n'a aucune raison de s'inquiéter.

Me voilà presque au bout de mes quatre pages et il me semble qu'elles doivent être bien moroses, bien dénuées de cet entrain joyeux que je voudrais vous envoyer pour vous distraire et vous réconforter. Dites-vous bien que je suis venu causer avec vous, vous dire tout ce que je pense et n'est-ce pas une preuve de mon affection que de vous associer aussi aux heures assombries que je traverse, à la suite de toutes ces morts qui depuis un mois sont venues border mon chemin.

Je garde tout mon courage, toute ma volonté et aussi cette confiance absolue que je reviendrai un jour, et que j'aurai de nouveau la joie de vous voir. Espérons que cela ne sera pas dans trop longtemps.

A sa femme.

17 avril 1915.

..... J'ai reçu un nouveau sous-lieutenant. C'est un tout jeune homme, il a juste vingt et un ans. Il était étudiant en droit et a suivi un peloton pour passer officier et n'a encore jamais vu le feu. Il a l'air très gentil et j'espère qu'il me remplacera un peu mon pauvre ami Massiou.

18 avril 1915.

Deux mots en hâte. Tout va bien. Nous avons chargé à la baïonnette et ma compagnie a bien marché. Nous avons enlevé avec nos camarades

la position boche [1], pris deux canons, deux mitrailleuses, fait des prisonniers. Pas trop de pertes.

Je vous gribouille ce mot étendu par terre sur
le terrain même. Il fait beau, mais pas chaud ;
santé parfaite...

20 avril 1915.

Vous ririez si vous me voyiez. Je vous écris sur
le terrain, c'est le cas de le dire. Je suis assis sur
une caisse de cartouches boches et j'ai pour pupitre
des boucliers également boches, que nos ennemis
ont abandonnés dans leur fuite éperdue. Les journaux, quand vous recevrez ma lettre, vous auront
fait connaître notre succès : une forte position
allemande enlevée, pris deux canons, deux mitrailleuses, des milliers et des milliers de cartouches, des obus, des vivres, dix mille cigares,
du cacao, des effets militaires, — un vrai pillage.

Nous avons eu deux rudes journées ; pas trop
de pertes. Je vais à merveille. J'ai fait mon devoir
de mon mieux, et mon commandant m'apprend à
l'instant que je suis proposé pour la Légion d'honneur. Maintenant l'aurai-je ? Je n'ai pas été blessé,
et les blessés passent d'abord, ce qui est bien
juste.

Nos chasseurs ont été superbes. Nous avons tous
chargé à la baïonnette dans un terrain difficile en
poussant des cris épouvantables. Les Boches ont

1. Combat du Schnepfenried.

fui en partie, le reste a été cloué sur place à coups de baïonnette. La crête enlevée, nous nous sommes précipités en avant de l'autre côté, dévalant les pentes, enfonçant tout devant nous. Les Boches nous ont laissé leurs casques, leurs montres, leurs sabres, leurs lettres. Bref ce fut parfait. Le canon tonne toujours, mais s'éloigne. Attendons la contre-attaque ; nous sommes en nombre, pleins de joie et de courage, et ils seront bien reçus. Impossible de vous en dire plus long.

Au capitaine L. L.

23 avril 1915.

..... Te voilà sorti de cette fournaise, et tu termines glorieusement la guerre, sur une citation à l'ordre de l'armée et en versant ton sang pour ton pays.

Je serais presque tenté de t'envier, si je n'étais de ton école, bien démodée, je crois, qui est de faire résolument son devoir, jusqu'au bout.

Te reverrai-je jamais, mon si cher ami ? Espérons-le. Mais jusqu'à la dernière heure on ne peut être sûr de rien. Aussi laisse-moi te dire, avec tout mon cœur, le souvenir que je garde de toi. Tu as été pour moi, non seulement le meilleur des amis, mais encore un chef admirable et un constant exemple de courage, de modestie, d'abnégation...

Notre ancienne camaraderie s'est aussitôt transformée, dans des circonstances parfois tragiques, en une amitié dont je ne peux te dire la tendresse et la profondeur. Puisse la vie, dans les années qui nous attendent encore, je l'espère, nous permettre de la continuer et de nous retrouver souvent ensemble.

Nous sommes toujours dans nos forêts, sous la pluie. Les Boches canonnent un peu, et ont inauguré, cette après-midi, un violent feu de mitrailleuses qui plonge Renaud [1] dans une rage affreuse. Ses petits yeux brillent dans son visage qu'il se refuse sauvagement à laver et il ouvre sa grande bouche avec un sourire sinistre. Encore un brave type, courageux et modeste, comme il n'y en a pas assez...

A ses parents.

25 avril 1915.

La nouvelle de la mort de notre cher Henry [2] a été pour moi un vrai coup de foudre. Je me réjouissais de retrouver au retour cette loyale et charmante nature, de reformer avec lui notre famille si cruellement frappée. Quel vide il laisse !

1. Etienne Renaud, lieutenant mitrailleur, tué le 15 juin 1915, à la cote 955.

2. Le commandant H. Chanzy, tué le 10 avril au bois de Mort-Mare (Woëvre).

Pourrons-nous jamais assez apprécier ce qu'il nous a donné de délicatesse, d'affection, d'exquise bonté ?

..... Lui aussi, il laisse à ses enfants un noble souvenir. C'était un homme d'honneur, ce qu'on appelait jadis un honnête homme. Sans forfanterie, sans éclat il suivait la route droite sans jamais s'en écarter.

Toute platitude, tout abaissement moral lui faisaient horreur et sous son apparence de finesse charmante il avait un cœur bien trempé, une de ces robustes et claires loyautés comme il y en a peu aujourd'hui.

Pauvres enfants ! Votre tâche n'est pas finie avec eux. Elle va devenir au contraire plus tendre et plus lourde. Ce sont vraiment vos enfants qu'il vous faudra accompagner encore jusqu'à ce qu'ils soient pleinement entrés dans la vie. Pauvres chéris, que j'ai toujours aimés avec une affection vraiment paternelle ! à eux aussi j'ouvre tout grand mon cœur. Jusqu'ici ils étaient mon repos et ma joie, mon délassement d'oncle, la plus pure, la plus tendre douceur de ma vie. Maintenant, ils seront plus encore. Ils seront ma préoccupation, mon devoir, quelque chose de plus grave, mais de plus passionné que jadis.

Hélas ! je suis bien loin d'eux ; l'avenir pour moi est encore bien incertain. Mais si je les retrouve un jour, ils savent tous quatre quel immense amour j'ai pour eux et qu'ils pourront s'y appuyer et s'y reposer toute leur vie, ou plutôt durant toute la mienne. .   .   .   .

.   .   .   .

Mon commandant a renouvelé ma proposition pour la croix. Qu'importe ! je m'enorgueillis d'être d'une famille où l'on fait son devoir pour son pays et rien que pour son pays.

Ayons le cœur assez haut et assez bien placé pour voir notre idéal avant les satisfactions humaines.

A sa femme.

26 avril 1915.

..... Au moment même où je recevais votre lettre du 19 j'en recevais une de mes parents m'annonçant la mort glorieuse de mon beau-frère tué le 10 avril. Ce nouveau deuil m'atteint encore bien cruellement. Je perds un beau-frère que j'aimais beaucoup et que tant de deuils communs m'avaient habitué à regarder comme un frère.

Après la mort d'André, cette mort nouvelle achève de nous briser tous. Nous sommes partis trois dans ma famille, et je reste seul. Voilà dix orphelins sur lesquels il nous faudra veiller, et ce sont de bien grands, de bien lourds devoirs qui pèsent sur nous...

..... Ne songeons pas à l'avenir avec trop d'effroi. Ceux que nous aimons ne meurent pas tout entiers

et ils peuvent nous soutenir de leur invisible pré-
sence.

..... Je vais très bien, et me suis tiré sans aucune
égratignure des actions de ces jours-ci. Vous me
demandez beaucoup de détails ; mais vous savez
qu'il est formellement interdit d'en donner. Comme
je vous l'ai dit dans mon petit mot d'il y a trois ou
quatre jours, tout a bien marché. L'artillerie avait
complètement dispersé et épouvanté l'ennemi, qui
n'a pas opposé une résistance bien vive.

La position a été enlevée d'un seul bond ; puis,
nous avons dévalé les autres pentes, et nous voici
dans la vallée de la Fecht, organisant le terrain
conquis. Mes chasseurs ont bien marché, et je n'ai
eu que treize pertes à ma compagnie.

Mon ami Lavauden a été blessé. Il l'a échappé
belle. C'était un modèle de courage, d'abnégation,
une conscience extrêmement élevée et noble, et le
bataillon fait avec lui une grande perte. Pour le
moment, je suis dans une nouvelle forêt, où je
creuse de nouvelles tranchées. Il fait malheureusement un temps détestable, et je vis dans une sorte
de caverne souterraine où l'eau passe librement et
où l'on est à la fois inondé par la pluie et submergé
par la boue. Ma journée se passe à trotter le long
de mes tranchées, ou à tâcher de me sécher un peu
près d'un feu qui ne me chauffe que faiblement.

Le brave Sabattier, dans les affaires de ces jours-
ci, escortant son chef de bataillon, était impassible
sous les balles, d'un courage calme, modeste et

intrépide. Quel beau caractère ! Vous ferez sa connaissance après la guerre...

A Madame Edouard Marbeau.

27 avril 1915.

J'étais bien sûr que votre affection à tous deux ne me manquerait pas dans ce nouveau et terrible malheur qui nous frappe.

Mon beau-frère est tombé, comme mon frère, en officier français, à la tête de ses hommes et face à l'ennemi. Ce nouveau trépas est pour nous tous une seconde source de douleur et d'orgueil. Celui qui vient de disparaître nous était uni à tous par les liens de la plus profonde affection. La mort de ma tendre et délicieuse sœur l'avait fait entrer dans notre famille comme un troisième fils ; tout était commun entre nous ; il vivait avec nous dans une intimité constante. Ainsi j'avais pu connaître et aimer cette nature délicate qui cachait une âme d'admirable droiture. C'était la loyauté en personne, ne voyant que son devoir, haïssant tout ce qui lui semblait une intrigue ou une bassesse. Lui aussi laisse à ses malheureux enfants un beau et touchant souvenir que nous ne saurions trop aimer et trop pleurer.

Des trois officiers que nous étions au début de la guerre je reste le seul, et pour combien de temps ? Dans cette terrible guerre l'infanterie supporte le poids le plus lourd et ses rangs sont à chaque action ravagés par la mort. Je viens d'avoir coup sur coup deux terribles avertissements dans ces deux chers morts, tombés pour leur pays. Je ne m'en cache pas et j'en suis fier ; je suis d'un sang et d'une famille où les officiers se font tuer... Je suis de ceux qui estiment que la place d'un chef est en avant de sa troupe et au plus fort du danger ; ils ne demandent pas d'autre récompense que la joie du sacrifice, et le devoir, même s'il est mortel, leur paraîtra toujours plus beau que les prudences et les habiletés... . . . .

C'est dans cette catégorie d'officiers que je m'efforce de me ranger à la suite de mon héroïque frère et de mon cher beau-frère.

Souvent la mort a passé bien près de moi. M'épargnera-t-elle jusqu'au bout, et comment se confier à la Providence, quand les meilleurs et les plus nécessaires sont ainsi frappés ?

. . . .

Dans la douleur qui me déchire, je reste plein de résolution et de courage, désirant ardemment vivre pour tous ces orphelins qui ont tant besoin de moi, mais désirant plus ardemment encore faire mon devoir et servir mon pays.

Dites-vous bien que depuis huit mois et spécialement dans ces dernières semaines d'épreuves, votre affection et celle de tous les vôtres ont été pour moi une force et une consolation dont je ne saurai assez vous remercier.....

A Mademoiselle Léonie Chanzy.

27 avril 1915.

Tu devines avec quelle douleur j'ai appris la mort glorieuse de ton cher père. C'est pour moi un profond, un immense chagrin. J'avais pour lui une affection vraiment fraternelle. D'ailleurs qui n'aurait aimé ce cœur d'élite si loyal, si bon, cet officier charmant qui songeait avant tout à son devoir, à son pays. Il est mort à la tête de son bataillon, debout, accomplissant une dernière fois tout son devoir.

C'est un grand exemple qu'il vous laisse à tous, un souvenir très noble et très beau que tu garderas toute ta vie, qui t'encouragera dans le bien et te fortifiera dans les épreuves.

Te voilà une grande fille, ma bonne chérie. L'existence t'apporte bien vite de cruelles épreuves et tu dois en souffrir cruellement. Ne te laisse pas abattre. Songe au bien que tu peux faire, à ta jeune sœur, à tes grands-parents que tu dois consoler dans leur désolation. Songe à tant d'enfants de France qui eux aussi perdent leur père et n'ont personne pour les entourer, pour les choyer, quelquefois pour leur donner du pain.

Ton père et ta mère sont au ciel. Tourne tes yeux vers eux. Dis-leur à chaque instant du jour : « Mon cher papa, ma chère maman, aidez-moi, soutenez-moi, faites que je sois digne de vous et que je vous ressemble un jour ».

..... Tu peux regarder l'avenir avec confiance, te dire que si tu as beaucoup souffert bien jeune encore, tu as devant toi des heures de joie, beaucoup de bonheur, je l'espère. Tes chers parents du haut du ciel, nous tous qui vivons encore, nous te protègerons et nous veillerons sur toi...

A Mademoiselle Geneviève Chanzy.

27 avril 1915.

..... J'aimais tendrement ton cher père qui était une âme admirable de loyauté et de bonté. Sa mort est pour moi une grande douleur...

Tu sais, n'est-ce pas, que dans ce grand malheur il te reste la consolation d'être entourée par beaucoup de tendresse et je t'aime mieux encore, comme une véritable enfant.....

Tant que je vivrai tu ne seras jamais seule, et tu auras toujours, si tu en avais besoin, un foyer bien chaud pour y vivre, pour y trouver un peu de joie et de bonheur.

Ne te laisse pas abattre par la douleur, ma petite Geneviève. Pense à ton cher papa qui te voit, qui te protège et qui maintenant uni à ta mère s'occupera de toi, t'aidera, éloignera de toi les épreuves et les périls de la vie.

Aie confiance. Songe à l'avenir en toute tranquillité. Que de pauvres enfants, dont le père a été aussi frappé n'ont pas le soutien, le bonheur dont tu restes entourée. Sois plus sage que jamais. Porte-toi bien, entoure tes chers grands-parents. Tu trouveras dans la joie que tu peux donner, dans tes efforts pour être meilleure encore la plus douce des consolations...

A Mademoiselle Marie-Josèphe Chanzy.

30 avril 1915.

Au moment même où je recevais ta lettre, je recevais la lettre ci-jointe du commandant Duprey. Elle te dira de quelle façon héroïque est mort ton cher père. Hélas ! même en écrivant ces mots j'ai peine à croire à l'affreuse réalité, et que je ne verrai jamais plus l'être si noble et si bon qu'était ton père. Je perds, en le perdant, une affection profonde et sage, un conseil affectueux et éclairé, et me voici destiné à m'avancer désormais dans la vie bien seul et privé des chères affections de mon frère et de ton père, qui m'entouraient et me soutenaient depuis si longtemps. Mais si cette perte me déchire le cœur, quelle doit être votre douleur à vous, mes pauvres chéries ! Vous perdez avec votre père la plus grande tendresse de votre vie. Il ne vivait depuis longtemps que pour vous, avait renoncé pour vous à bien des joies, mettant son seul bonheur à vous voir grandir et à préparer votre avenir. Il est mort avant d'avoir pu terminer une œuvre où il mettait sa fierté et tous ses espoirs. Mais par là même il vous laisse, à toi surtout, ma chère Jo, un grand devoir. Il faut que vous soyez tous ce qu'il rêvait pour vous, que du haut du ciel il voie que ses efforts et son amour n'ont pas été perdus, et que vous êtes vraiment les femmes bonnes, tendres, accomplies qu'il espérait et que vous êtes dignes des chers parents si vite partis.

Pour toi la tâche sera plus lourde. Tu es la fille aînée. Non seulement tu as l'exemple à donner, mais encore il faut que tu veilles à la fois sur tes jeunes sœurs et tes chers grands-parents. Tu dois guider Léonie et Geneviève, doucement les aider, leur montrer la voie à suivre, être pour elles une jeune mère attentive et souriante. Pour tes grands-parents, il faut que tu tâches de leur donner un peu de joie, une dernière douceur, un dernier rayon dans leur vie brisée. Ne t'effraie pas de cet avenir un peu austère pour ta jeunesse. Tu y trouveras la plus grande consolation à ta douleur et tu apprendras ainsi que la seule joie véritable dans la vie, c'est celle que l'on peut donner à ceux que l'on aime.

Pour moi, tu sais que plus que jamais je vous aime tous avec une tendresse que rend plus grande encore ce malheur nouveau qui nous unit dans un même désespoir. Tu ne pourras jamais assez te dire que tu as en moi tout ce qu'un cœur peut donner de tendresse et de sollicitude, et que, dans les difficultés de la vie, tu pourras toujours t'appuyer sur moi, avoir recours à moi en toute confiance.

Courage, ma chérie. Pleure ton père ; ne comprime pas ta douleur, laisse-la s'épancher et ensuite lève les yeux vers lui et vers ta mère. Ils te protégeront et ils t'aideront...

A son père.

1er mai 1915.

Toutes mes pensées et tout mon cœur sont tournés vers vous dans ces cruelles heures d'épreuves.

Pauvre Henry ! Plus nous penserons à lui, plus nous connaîtrons de détails sur sa mort, plus sa mémoire nous paraîtra belle et grande, et mieux nous comprendrons tout ce qu'il avait de nobles et rares qualités ! C'était un cœur droit, simple et généreux. La guerre l'a exalté, révélé à lui comme à nous, et il laisse un souvenir héroïque à des enfants qui, jusqu'ici, n'avaient surtout connu que sa charmante douceur et sa bonté.

Je pense que ma lettre vous rejoindra à Tullins. Vous y serez mieux, plus au calme, avec le beau cadre lumineux des montagnes et de la plaine.

.....Nous avons pendant une dizaine de jours organisé le terrain conquis. J'avais établi une ligne très solide de tranchées, et j'avais pour moi-même une jolie petite cabane, au milieu d'une grande forêt, non loin d'un torrent, tout cela éclairé et réchauffé par d'admirables journées de printemps. Nous en avons été relevés il y a vingt-quatre heures, à notre grand regret à tous ; maintenant je suis à Mittl... au demi-repos, et je crois bien que dans quelques jours nous allons repartir pour de nouvelles destinations.

..... Ne voyons que le grand devoir qui nous est imposé, et si je dois plus que d'autres y contribuer, que ce soit pour nous un motif de fierté et comme une âpre et silencieuse récompense.

A Madame René Lisle.

2 mai 1915.

..... L'orgueil que j'éprouve devant l'héroïsme de ceux que j'aime ne peut hélas ! diminuer ma douleur devant ces pertes irréparables. Cela fait dix orphelins qui n'auront presque que moi comme soutien dans la vie. Pauvres enfants, que je chérissais déjà avec tant de tendresse ! Tout me semblera facile et doux, si je puis remplacer un peu auprès d'eux les chers disparus. Il me faut aimer la vie et désirer le retour. Mais je ne me cache pas combien mon sort est incertain. L'officier qui veut remplir son devoir, être à la tête de ses hommes, doit fatalement tomber un jour ou l'autre, d'autant plus que ce sont toujours ceux-là qui sont toujours chargés des missions périlleuses. Je le vois bien par moi-même...

Jadis je me réjouissais de cette marque d'estime que me donnaient mes chefs. Maintenant je ne puis songer sans angoisse à toutes ces petites vies qui dépendent un peu de la mienne et à mes pauvres parents. Qu'arriverait-il si je tombais à mon tour ?

Enfin, je me répète notre vieux proverbe français : « Fais ce que dois, advienne que pourra ». Je n'ai pas à songer à l'avenir, mais à remplir ma tâche et à imiter le magnifique exemple que m'ont laissé ceux qui viennent, si près de moi, de mourir pour leur pays.

A Monsieur Paul Morillot.

2 mai 1915.

J'ai été bien touché du souvenir affectueux que vous m'envoyez à propos des deuils cruels qui frappent les miens et moi-même depuis quelques semaines.

Vous-même, qui pleurez votre héroïque enfant[1], vous comprenez mieux qu'un autre le mélange de désespoir et d'orgueil qui accable nos cœurs devant ces tombes glorieuses. Rien ne remplace les chers disparus. Mais ils laissent à leurs enfants, comme à tous ceux qui les ont aimés, leur noble et grande mémoire et l'enseignement d'abnégation et de courage qui les a soutenus pen-

1. Georges Morillot, sous-lieutenant au 27ᵉ régiment d'infanterie, tué le 11 décembre 1914, à l'assaut de la redoute du Bois-Brûlé (forêt d'Apremont. Meuse).

dant leur vie et les a conduits joyeusement à la mort.

Puissé-je vous revoir, cher monsieur ! j'ai conservé de mes années de licence, de votre enseignement, de votre bonté affectueuse un souvenir profond, et ces deux années, grâce à vous, comptent parmi les plus heureuses, les plus remplies de joie et de fièvre intellectuelle de ma vie.

J'y songe souvent, au cours de ces journées pleines d'un devoir plus austère et plus brutal, et dans ce passé au milieu duquel chacun de nous vit avec tant de mélancolique intensité, vous tenez une place plus grande encore que je ne puis vous le dire.

Au revoir, cher monsieur. De tout mon cœur je suis avec vous pour pleurer nos glorieux morts ; comptez que je fais tout mon possible pour les venger, et croyez à ma bien respectueuse affection.

Au capitaine L. L.

6 mai 1915.

..... Au bataillon on te pleure toujours. Tes pauvres chasseurs sont désolés. J'en ai plusieurs de mon ancienne section qui avaient les larmes aux yeux : « Avec le capitaine on était rassuré, me disaient-ils. C'était un malin et puis un intrépide. Ah ! il n'avait pas peur des Boches ! » Voilà de touchants témoignages d'admiration qui te feront plus de plaisir que les phrases enrubannées de nos orateurs d'état-major.

Je suis à Mittlach (Erbesch) depuis sept jours. Nous devons attaquer prochainement et bien entendu la 8ᵉ et la 9ᵉ sont de la fête...

Le brave Renaud est réfugié avec ses mitrailleuses tout au sommet de Mittlach; le chef et les chasseurs vivent là-haut dans la crasse et le braconnage le plus effréné. Ils ont détourné la Fecht et ont fait un terrible massacre de truites. Ils chassent le chevreuil avec frénésie, à croire que les Boches sont à Breitfirst et non à Metzeral, et ajoutent à ce passe-temps la cueillette du pissenlit et le ramassage des escargots. Le jeune chef de ces sauvages éclate d'orgueil devant ces hauts faits, et menace de mort le forestier assez imprudent pour venir les interdire à ses hommes. Une note a en effet paru à ce sujet au rapport de la division, interdisant la pêche et la chasse. Elle a été lue et observée avec tout le respect que tu devines.

Le capitaine Dupont a été nommé commandant, mais reste au 68ᵉ, grâce à Dieu. Leblanc, comme tu le sais, te remplace à la 9ᵉ. Tous vont bien, et nous parlons souvent de toi, mon bon vieux...

A sa femme.

8 mai 1915.

..... Je vous écris accroupi sur un petit bout de planche, tandis qu'il pleut à torrents au-dessus de notre gourbi, et que les obus éclatent de tous côtés. Ce sont des obus de petit calibre, et dans une forêt ils éclatent en général fort haut à cause des arbres et ne sont pas très dangereux. Hier on a essayé d'attaquer sans succès. Les Boches étaient bien retranchés et impossible de déboucher de nos tranchées. C'était des feux de salve et des rafales de mitrailleuses. Nous les avons canonnés avec violence, mais si les obus ne tapent pas juste sur la tranchée, ils ne font aucun dégât, car tout le monde se met sous des abris avec des rangs de troncs d'arbres superposés au-dessus de la tête, et ainsi on est complètement protégé contre les éclats d'obus.

Nous avons eu pas mal de pertes pour rien... D'ailleurs ce n'est pas une raison pour se décourager. Il faut tenir bon. Mieux valent six mois de guerre de plus et une paix victorieuse que de n'avoir pas le courage de mener notre effort jusqu'au bout.

10 mai 1915.

..... On nous annonce aujourd'hui une victoire dans le Nord et la déclaration de guerre de l'Italie.

Nous avons été avec deux camarades pousser des hourras frénétiques dans la tranchée de première ligne et chanter la *Sidi-Brahim*. Nous n'avions pas fini que les Allemands nous lançaient des tas de bombes, et nous avons dû filer à quatre pattes au fond d'un abri.

Il y a cinq jours les Boches ont hurlé comme des possédés dans leurs tranchées à l'annonce de leur prétendue victoire russe. Ils chantaient, applaudissaient, lançaient des fusées, criaient en français : « Compagnie en avant ! » Aujourd'hui nous les avons payés de retour.

Je suis toujours au même endroit. Ma compagnie quitte les tranchées ce soir pour aller un peu en arrière dans un soi-disant repos, car dans une huitaine nous ferons une nouvelle attaque. Nous sommes dans des abris médiocres ; quand il fait beau, cela va, mais quand il pleut, il faut croupir dans nos caves comme des champignons. Pas de cantine. Le ravitaillement arrive chaque jour avec des mulets. Mon sergent-major, qui est à l'arrière, m'envoie ce que je lui demande comme linge pour me changer.

Le capitaine Richard Andrieu garde les tranchées un peu en arrière de nous. Ses trois beaux-frères ont été tués... Encore une malheureuse famille déchirée. Que de douleurs, que de douleurs partout...

Courage ! je vous assure que je peux paraître devant Dieu, et que mon âme est bien purifiée par tant d'épreuves auxquelles la mort, si je viens à tomber, ajoutera la suprême purification.

Dieu est bon, infiniment bon, divinement bon. Ce n'est pas en vain que le peuple l'appelle le « Bon Dieu ». Comme elle est touchante, cette naïve appellation ! Mais puisque Dieu est bon, comme il doit avoir pitié des pauvres hommes, de ceux qui vivent dans la misère, la maladie, la douleur, pour finir dans les angoisses de la mort. Avec quelle compassion il doit regarder ces pauvres êtres incertains et fragiles, quand après leur existence éphémère ils arrivent si las, blessés et désolés... Il doit ne voir que leurs plaies, leurs pieds écorchés, leurs âmes désolées; il doit les réchauffer, les apaiser et leur dire : « Mes pauvres enfants, vous avez peiné et pleuré; voilà mon Eternité bienheureuse pour vous consoler. » Dieu qui est la perfection leur dira ces tendres paroles de pitié et de pardon...

13 mai 1915.

Les Allemands montrent beaucoup d'activité, nous bombardent avec violence, et nous avons eu quelques pertes. Ils ont cherché à nous attaquer mais ils ont été bien reçus ! Ils ont filé, se sont terrés derrière des boucliers, et sans la nuit il n'en revenait pas un dans leurs tranchées. Cela les a un peu calmés, et hier nous avons été tranquilles. A part cela, pas grand changement dans notre situation. Nous sommes nez à nez ; chacun se fortifie de son côté et il est très difficile de déboucher, surtout avec des forces restreintes et des troupes constamment sur la brèche. Heureusement que cela a l'air de bien marcher dans le Nord; peut être est-ce de ce côté que la fameuse percée se fera enfin. Espérons toujours !

A l'instant, nous venons d'entendre une fanfare de chasseurs alpins qui se trouve de l'autre côté de la Fecht jouer la *Marseillaise* et la *Sidi-Brahim*. Je pense que de bonnes nouvelles viennent d'arriver. Ah! si la victoire pouvait se prononcer en notre faveur. Quelle ivresse! comme toutes nos misères seraient vite oubliées et comme on se ferait tuer presque avec plaisir.

J'ai dû trotter tout le matin, et je vous écris en hâte, car le vaguemestre va partir. Hier soir, une de mes sentinelles avancées entend dans la nuit : Pstt... Pstt... Il croit que c'est la relève et crie : « Par ici, par ici ! » Pan, pan, deux balles à bout portant qui le frôlent. C'était une reconnaissance ennemie, elle a été reçue comme elle le méritait, et les Boches n'ont pas même pu emmener tous leurs cadavres. Avant-hier un blessé allemand à vingt mètres de nos fils de fer, a gémi une heure avant de mourir. Nous avons cherché à le relever, mais les infirmiers, à peine sortis de nos tranchées, ont reçu des coups de fusil allemands. Que faire ?

A ses parents.

16 mai 1915.

J'ai été décoré à la date du 2 mai. Le général vient de me remettre la croix. La cérémonie fut très émouvante ; c'était une vraie fête militaire avec le décor grandiose et tragique de la guerre.

Puissent nos chers morts avoir assisté d'un monde meilleur à cette minute de joie et de fierté, où le dernier des trois soldats que nous étions s'unissait du fond de son cœur et si tendrement à eux. Vous partagerez avec moi toutes les émotions que j'ai ressenties. Le dernier de vos enfants, et le seul qui vous reste, reprend ainsi et s'efforce de soutenir les traditions d'honneur et de patriotisme que vous nous avez données, comme étant l'orgueil de notre famille et le plus précieux des héritages.

Nous avons des avant-postes un peu dangereux à cause de la proximité de l'ennemi qui nous lance des bombes. Mais nous commençons à être sérieusement organisés et à peu près à l'abri. Le temps est beau, mais froid, car nous sommes encore à 1.000 mètres d'altitude.

. . . .

On s'était mis en tête qu'après nos deuils je devais être à un poste moins dangereux. J'ai dit que je me refuserais à faire aucune démarche, et je ne veux pas qu'il en soit fait. Je suis à ma place puisque j'y fais mon devoir. Je refuse absolument de quitter ma compagnie, ce serait à mes yeux une sorte de désertion, et je me rendrais indigne des deux morts que nous pleurons, dont j'ai aujourd'hui la mission de remplir la place et de venger la mort. J'ai ma compagnie, mes deux cents chasseurs à diriger, mon devoir à remplir. Pour aucun motif, pour aucune situation je ne m'y déroberai. J'irai jusqu'au bout soit de mes forces, soit de la guerre. Je suis au feu, j'y reste.

A sa femme.

17 mai 1915.

..... Les Boches, au début très entreprenants, se sont calmés ; comme nous ne cessons de les guetter et de leur tirer dessus, ils doivent trouver que ce petit jeu manque d'agrément. Hier matin ils nous ont crié : « Ne tirez donc pas tant, bandes d'idiots! » en excellent français. Pan, un feu de salve en réponse. Ils nous lançaient pas mal de bombes au début, qui nous faisaient du mal. On a installé un canon, et pour chaque bombe boche on leur envoie un obus français. C'est d'un effet radical, et les voilà sages comme des images.

Le temps est tantôt beau, tantôt mauvais. Hier soleil radieux, et aujourd'hui affreuse petite pluie qui nous transperce. Je vis comme un rat dans mon trou au milieu de mes tranchées. Un peu en arrière, il y a un abri plus confortable, où je mange avec mes officiers et d'où je vous écris. Dans l'après-midi nous faisons des reconnaissances.

Le lieutenant de mitrailleurs a réussi à faire monter sur ses mulets de mitrailleuses un tonneau de bière de cinquante litres, ce qui fut un événement considérable. Il nous recevait avec majesté dans son abri où était le précieux tonneau. Un vieux pot à eau ébréché servait de cruche, et les cinquante

litres ont été bus en une après-midi. Voilà l'incident
le plus sensationnel de notre campement sous bois.

J'ai deux officiers ; l'un, adjudant de l'active
(Péreau). Mon autre lieutenant (Robert) est le cais-
sier du Comptoir d'escompte de Grenoble. Il est
très zélé et excellent chef de section. Enfin il y a
pour compléter notre table, un étudiant en droit
de Lyon (Thomas) âgé de vingt et un ans, candidat
officier et de rapports très agréables.....

21 mai 1915.

..... Il fait ici un temps infect, de la pluie, du
brouillard, de la boue. Ma compagnie pivote pas
mal, tantôt ici, tantôt là, mais toujours dans le
même secteur.

Les Boches se calment décidément. Il n'y a que
leur artillerie qui continue son action, mais on finit
par ne plus y faire attention. Si l'obus tombe sur
l'abri, tout est fini ; s'il tombe à deux mètres de là
seulement, les rondins et les troncs d'arbres nous
protègent complètement contre les éclats. J'ai un
bon poêle qui ronfle toute la journée. Le premier jour
certains camarades poussaient des cris en déclarant
que la fumée allait me faire repérer par l'artillerie
ennemie. Mais comme je préfère être tué par un
obus que de mourir de froid, j'ai continué et je n'ai
reçu ni plus ni moins d'obus que mes camarades.

Je lis un peu. Avez-vous remarqué que beaucoup
de littérateurs ont fait vaillamment leur devoir ?

Tous ceux qui avaient vraiment un idéal : littérature, art, socialisme, révolution... ont été en général des soldats courageux.

Le commandant Desvallières avait avec lui dans son bataillon comme médecin un farouche républicain socialiste, mais dont la nature ardente, passionnée, ressemblait beaucoup à la sienne. Partis de deux points opposés ces deux cœurs généreux puisaient dans un idéal contraire une même grandeur et une commune soif de sacrifice. Le tout dans la vie c'est d'avoir un idéal, je me rappelle le mot de l'Evangile : « Les tièdes font vomir ».   .   .   .

.   .   .   .

..... Je me réjouis d'avoir eu le courage de n'être pas un embusqué, et j'entends continuer jusqu'au bout. La guerre est chose légère et facile, et la mort, malgré le déchirement des miens, me fait moins peur que jamais. Les Boches peuvent venir, je resterai en première ligne en face d'eux, jusqu'au bout. Sachons faire notre devoir tout entier. Nous sommes à ces heures de la vie où l'on a le glorieux privilège de se sacrifier volontairement, joyeusement. Montrons-nous-en dignes.

A Madame René Lisle

21 mai 1915.

Vous avez partagé avec votre habituelle et tendre bonté mes joies comme mes peines. Cette décoration a été pour moi la récompense, que je juge presque excessive, de ce que j'ai pu faire depuis huit mois. Elle a été surtout pour les miens un adoucissement à leur douleur. Il me semble que mon cher frère ait voulu ainsi me confier le soin de porter à sa place ce ruban rouge qu'il avait conquis avec un si magnifique héroïsme, et que la mort est venue si vite lui enlever. C'est un lien de plus entre sa glorieuse mémoire et moi-même, qui continue dans l'effort et la peine l'œuvre qu'il m'a laissée.

Depuis le retour des beaux jours nous n'avons eu guère de répit, attaquant, organisant le terrain conquis, attaquant de nouveau, marchant pied à pied avec le fusil, puis avec la pioche. Puissent tant de sacrifices être utiles à notre Patrie !

Si vraiment j'ai pu, modestement et avec toute ma bonne volonté, servir efficacement la grande cause qui nous appelle ici, ce sera dans ma vie si éprouvée une douceur et un peu de lumière. On sent si bien, durant ces mois passés dans la lutte et près de la mort, le peu qu'on est soi-même, combien nos désirs, nos joies, nos regrets, qui nous semblaient immenses jadis, sont quelque chose de fragile et d'éphémère, et qu'il n'y a dans la vie de vraie grandeur et de vraie joie qu'à se donner tout entier jusqu'au sacrifice absolu à un noble idéal.

La guerre m'a tracé mon devoir, et que d'immolations elle m'a déjà imposées ! Mais, dans l'avenir, si je reviens, ce sera une grande paix pour ma nature, peut-être trop ardente et trop inquiète, que de songer à ce devoir accompli, et que j'ai pu défendre utilement ma Patrie.

Ma décoration m'a été remise, il y a quelques jours, sur le terrain même de mes avant-postes, à cent mètres en arrière des tranchées qu'occupe ma compagnie.

Une compagnie de réserve formait le carré. Comme il n'y avait ni tambours, ni clairons, deux feux de salve ont remplacé le traditionnel : « Ouvrez le ban. Fermez le ban ». Le général m'a sacré chevalier en me frappant l'épaule avec sa canne, car personne dans cette guerre ne porte de sabre.

A quelques pas, les coups de feu de sentinelles déchiraient l'air, et les deux artilleries qui se canonnaient mêlaient leurs obus qui passaient en sifflant au-dessus de nos têtes. Il faisait un temps superbe, et rien ne pouvait être plus simple, plus militaire, plus émouvant. Nous étions tous très vivement impressionnés,

A côté de moi il y avait un sergent du 28[o1] que l'on décorait de la médaille militaire, un homme de quarante-quatre ans, petit employé à Grenoble, engagé pour la durée de la guerre, modèle admirable de discipline et d'héroïsme. Ce brave garçon, au « garde à vous » devant son général, tremblait de tous ses membres, et pleurait de joie en recevant son ruban.

Je continue à très bien aller et à supporter sans

1. Gontard, devenu sous-lieutenant, tué le 5 novembre 1916, à Saint-Pierre-Vast.

fatigue les épreuves de la campagne. Mais que nos rangs s'éclaircissent...

A Monsieur Signorino.

22 mai 1915.

Merci, mon vieux Signorino, de l'affection avec laquelle vous vous réjouissez de ce ruban rouge qui vient récompenser, au delà même de mon mérite, mes efforts depuis le début de la guerre et la participation heureuse de ma compagnie à une série de très vifs combats. Nous avons chargé à la baïonnette dans la neige sur une pente épouvantable en criant comme des fous et avec des cris terribles. Quelle ivresse, à de tels moments, en avant des braves gens qui vous suivent! C'est presque avec regret que l'on songe que la mort n'est pas venue vous prendre dans cette minute de sacrifice et d'exaltation.

Tenons bon. La victoire est à nous, si nous pouvons lutter et souffrir quelques mois encore.

Vive la France plus que jamais!

A sa femme.

22 mai 1915.

... Ce soir le bruit court que l'Italie a déclaré la guerre. Peut-être cet événement va-t-il enfin se réaliser!

Et la Turquie ? Prendrons-nous à la fin Constantinople ? Que d'incertitudes dans ce terrible avenir et que nous réserve-t-il ?

On doit commencer à manquer terriblement d'officiers. Un lieutenant du bataillon vient encore d'être évacué avec une forte pleurésie. Sur les dix-neuf officiers que nous étions en partant, nous restons six, tout le reste est tué, blessé ou évacué. Et sur ces six officiers, il y a l'officier d'approvisionnement et celui des détails (administration du bataillon) qui restent constamment à l'arrière. Quel formidable déchet ! La moitié de mes chasseurs a déjà été mise hors de combat. Et les autres corps sont bien plus éprouvés encore. Je me demande où on finira par prendre des cadres. On m'a demandé si je voulais commander un bataillon dans un régiment d'infanterie, mais je ne veux pas quitter le 68° et mon béret d'alpin.

Il y a un ruisseau tout près de ma tranchée, et tous les deux jours je m'y nettoie avec ardeur. Voilà soixante jours bientôt que je ne me suis déshabillé !

A Monsieur Jacques Salats[1].

24 mai 1915.

Comment vous dire à quel point votre lettre m'a

1. Jacques Salats, un des beaux-frères de Robert Dubarle, avoué près le Tribunal civil de la Seine, soldat à la 87° compagnie d'aérostiers, tué en service commandé, le 12 mai 1916, à Mézières (Somme).

touché. Déjà à propos de mon frère bien-aimé j'avais senti votre affection, si profonde, si sincère, qui s'unissait à ma douleur. Aujourd'hui, pour la seconde fois, je vous ai senti près de moi et vous m'avez fait du bien.

Mon pauvre ami, j'ai traversé des heures affreuses ; ces deux morts m'ont bouleversé, déchiré, plus que je puis vous le dire. Je perds deux êtres que j'aimais ardemment ; je vois dix enfants qui sont privés de leur père...

Pour moi, c'est toute ma jeunesse qui meurt avec eux ; ce sont tous nos souvenirs communs, les mille incidents de l'enfance, le cher passé, triste ou joyeux, qu'ils ont emporté. Mon beau-frère était pour moi un grand frère indulgent et charmant, puisque j'avais treize ans au moment où ma sœur s'est mariée. Quant à mon frère il était ma vie même, ma conscience, mon recours constant. Quelle désolation de n'avoir plus personne près de soi avec qui l'on puisse dire : « Te souviens-tu ? » Les affections viriles sont presque aussi nécessaires que la tendresse d'une femme. A tant d'heures de la vie on a besoin d'un conseil, d'un réconfort, d'un secours qu'une femme ne peut donner. Et je perds en même temps ceux-là mêmes sur qui je comptais avec une foi aveugle, ceux qui depuis de si longues années entouraient et soutenaient leur frère cadet.....

Pardonnez-moi de ne vous parler que de ces tristes sujets. Quand j'écris à Fleury il faut que je tâche d'être gai, que je raconte les incidents de ma vie militaire et je ne peux guère dire tout ce qui m'accable. Avec vous, je n'ai pas besoin de ce masque de gaieté et c'est un apaisement que de pouvoir parler de ma douleur, vous confier mes anxiétés, que de vous montrer combien je me sens faible devant une épreuve qui, s'ajoutant à tant d'autres, me paraît trop lourde pour mes forces.

Adieu, mon si cher ami. Avec quelle affection plus profonde je pense à vous, je me rapproche de vous avec toute ma pensée la plus tendre et la plus meurtrie.

A ses parents.

24 mai 1915.

J'ai été bien ému de votre joie en apprenant ma décoration. Je vous dois aussi un grand bonheur. Si je ne vous avais pas eus, il me semble que ce ruban rouge m'aurait laissé presque indifférent. Mais j'en ai été joyeux et fier en pensant à vous. J'ai éprouvé le même sentiment que celui dont me parlait André lorsqu'il a été décoré : « Je n'ai été heureux que pour mes chers parents. » Comme je retrouve son grand cœur partout et dans toutes les circonstances de la vie ! La vie que nous menons nous rend un peu plus insensibles aux gloires humaines, et puis je crois qu'il n'y a ici-bas qu'un vrai bonheur, c'est celui que nous donnons aux autres. Tout le reste est si peu de chose.

Il fait ce matin un temps radieux ; on n'entend ni un coup de canon, ni un coup de fusil, et la forêt, ruisselante de soleil dans le matin, est le cadre le plus paisible, le plus frais et le plus ravissant qui se puisse imaginer.

J'ai été réveillé cette nuit par le téléphone, qui m'apportait le message du ministre de la Guerre et l'annonce de l'entrée en guerre de l'Italie. J'avoue que j'y comptais peu. Quand on vit dans les horreurs de la guerre, il semble insensé qu'un peuple puisse s'y précipiter à moins d'être contraint par la plus impérieuse nécessité.

En tous cas, c'est là un événement, sinon capital, au moins très important. Il augmente les difficultés de l'Allemagne, supprime une de ses sources de ravitaillement, pèse sur l'Autriche et par cela dégage un peu la Russie qui, pour le moment, paraît en avoir fort besoin. Cela hâtera-t-il suffisamment la paix pour que nous en ayons fini avant l'hiver ? Je n'ose l'espérer.

L'heure de la victoire viendra. Le général de division[1], qui est un homme éminent (ancien attaché militaire de la France à Berlin), me le disait avant-hier, « la victoire n'est pas un espoir, c'est une certitude ». Mais il était de mon avis quand je lui disais que je prévoyais une seconde campagne d'hiver.

Je compare l'Allemagne à un bloc énorme qui

---

1. Le général Serret, blessé à l'Hartmannsweillerkopf le 31 décembre 1915, mort des suites de ses blessures.

roulait sur nous et allait nous écraser. Il a fallu :

1° L'arrêter. Victoires de la Marne et de l'Yser ;

2° Lui faire remonter la pente — guerre de tranchées — libération du territoire.

Et il faudra ensuite :

3° La précipiter sur l'autre pente.

Nous n'en sommes encore qu'à la seconde partie de cette opération ; nous faisons remonter la pente au bloc formidable. Il y a des temps d'arrêt, parfois même de légers reculs, mais dans l'ensemble on peut dire que le bloc est maîtrisé et que la rude ascension sur le versant français est déjà à moitié faite. Le jour où il sera au sommet de la crête, sa chute sera rapide et profonde par suite de son poids même. Pourtant, je crains qu'il ne faille encore attendre plusieurs mois pour cela. D'ailleurs au point de vue français, je me demande si cette longue épreuve ne nous est pas nécessaire. Une victoire rapide, le fléau de la guerre écarté de nos campagnes et de nos cités, nous n'aurions pas compris le terrible avertissement du destin. Nous nous serions crus invincibles, et serions retournés avec une hâte nouvelle à nos erreurs et à nos fautes. Au contraire, cette guerre si longue, si atroce, le pays broyé jusque dans son cœur, nos sources de vie menacées, tout nous apprendra la grandeur du péril où nous avons failli succomber, en même temps que durant de longues années tous nos efforts seront nécessaires pour refaire le pays épuisé et lui permettre de vivre.

A Mademoiselle Charlotte Marbeau.

26 mai 1915.

..... Il me semble qu'il y a bien longtemps que je ne vous ai écrit à l'une ou à l'autre, et que dans ma vie si bouleversée de chagrins, il n'y ait plus eu de place pour ces gais bavardages de jadis. Je ne veux pas renouveler, en vous en parlant, une douleur que rien ne peut consoler, ni vous attrister de mes regrets encore poignants. Mais laissez-moi vous dire au moins que votre affection, celle de Jeanne, de tous les vôtres a été la seule consolation qui ait un peu adouci pour moi ces jours affreux. J'ai si bien senti qu'à côté de ceux qui partaient et que j'aimais avec tant d'ardeur, d'autres restaient, qui cherchaient à remplacer ceux qui n'étaient plus !

Presque au même moment vous aviez la joie et l'émotion de la naissance de la jeune Catherine. J'ai été enchanté de sa photo. Elle m'a paru avoir le petit visage étonné et grimaçant de tous les bébés. Quel blasphème ! Mais cela ne m'empêche pas d'avoir pour cette chère petite un cœur d'oncle déjà très faible et tout ému quand je pense à elle.

Je mène toujours la même vie, avec ses fatigues et ses dangers. Il fait actuellement un temps radieux et le soleil est comme toujours précurseur d'attaques et d'efforts nouveaux. Je crois que demain ou après-demain il va falloir encore mettre nos baïonnettes au bout des fusils. Nous ferons un bond de cinq cents mètres en avant si l'attaque réussit. Puis nous creuserons des tranchées, abattrons des arbres. Pendant quatre jours nous dormirons à la belle étoile, nous recevrons force coups de canon, et nous échangerons des coups de fusil incessants avec les Boches. Puis, petit à petit, une nouvelle cité souterraine surgira, nous aurons nos demeures enfouies dans le sol dont le toit sert de terrasse pour les jours de soleil et de calme. Trois nouvelles semaines passeront; et vers le 15 juin on mettra d'autres troupes dans le secteur désormais bien organisé, et on enverra les Alpins escalader un autre sommet et se battre ailleurs.

Voilà le programme exact de notre vie. Le seul imprévu c'est la blessure qui vous arrête, soit pour quelques mois soit pour toujours...

Evidemment, cela n'est pas très gai; mais nous ne sommes pas ici pour nous amuser et je préfère encore ma place, mon devoir austère et périlleux à la lâcheté de tous ces jeunes embusqués qui songent à leur peau avant de songer à la France.

Pour combien de temps en avons-nous encore? Pour longtemps je le crains. Mais il ne faut pas s'en désoler. Au mois de décembre, j'ai envoyé à Jeanne un sermon sur la joie; maintenant ce serait l'heure d'un sermon sur la patience.

Dans la mystique religieuse du xiii° siècle, les vertus étaient divisées en vertus-mères et en vertusfilles. Or, la Force avait pour filles la Patience et la Persévérance. C'est d'une bien profonde vérité, que cette classification imaginée par quelque moine au fond d'un cloître du moyen âge. Aujourd'hui on dirait peut-être que ce qui procède avant tout de la Force, ce sont des qualités éclatantes, comme le courage, la générosité, la puissance. Et le subtil analyste d'il y a sept siècles donne à cette qualité, la Force, ces deux filles, en apparence modestes et effacées : patience et persévérance. J'ai toujours admiré cette merveilleuse clairvoyance de notre vieux symbolisme. Soyons forts et pour cela soyons patients et persévérants. La guerre, qui en apparence n'est que sauvagerie et brutalité, fait appel aux ressorts les plus secrets de l'âme, et la valeur morale est parfois plus décisive que la puissance matérielle.

Préparons-nous donc à attendre, à espérer toujours et quand même. Que l'été passe, que l'automne passe, et que l'hiver revienne sans que la paix soit là : ne nous indignons pas, ne désespérons pas. Avec la même clairvoyance intrépide ne considérons que le but à atteindre et le salut de notre pays. Nul ne souffrira plus de ces nouveaux mois de lutte, de ce second hiver dans la neige et le froid, que nous soldats. Pourtant nous l'accepterons sans murmurer. Il faudra suivre notre exemple, et si notre épreuve est plus longue, vous devrez pour nous récompenser nous aimer deux fois plus.

A Mademoiselle Jeanne Marbeau.

28 mai 1915.

Ecoutez cette belle histoire qui a le double mérite d'être récente et d'être vraie, et de vous avoir, ainsi que Charlotte, en partie pour héroïnes. On pourrait l'intituler de cent façons. Appelons-la, si vous voulez : caramels contre obus.

Hier nous avons eu une journée de violents combats. Dès le matin, à 5 heures, notre artillerie arrosait d'obus une crête ennemie qui se trouvait en face de nous. Arbres, terre, tranchées, tout vole en l'air. Au bout de trois heures de ce bouleversement ininterrompu, les chasseurs alpins sortent de leurs tranchées et s'élancent vers la position ennemie, saccagée par nos obus. A ce moment l'artillerie ennemie entre en action et arrose avec frénésie les troupes prêtes à déboucher. Ma compagnie était de réserve ; j'avais pour mission de pousser les premières compagnies, puis de filer à mon tour. Sous ce formidable orage de fer et de feu un fléchissement se produit. Je suis atteint moi-même d'un éclat d'obus à la tête, heureusement insignifiant, mais qui me coupe le cuir chevelu, et me voilà le visage inondé de sang.

Chacun déclare déjà que je suis mort, et le chef manquant, bien entendu, cela n'améliore pas nos affaires. Je rentre dans un abri ; je me fais bander.

et deux minutes après, me voilà de nouveau dans la tranchée. Et c'est ici qu'interviennent vos caramels. En allant me faire bander la tête, j'aperçois dans ma taupinière la précieuse boîte de fer-blanc. Vite je me mets un caramel sous chaque joue, pendant qu'un brave chasseur m'entortille la figure. Et quand je ressors, j'emporte les caramels. J'en offre aux chasseurs qui passent : « Prends, mon petit, ça vaut mieux qu'un obus boche. Ça colle, mais ça fait du bien !... Avant qu'il soit fondu, nous serons à la tranchée boche », et autres facéties d'un goût tout militaire, pour assaisonner vos délicieux bonbons. Le succès fut immense ; chacun voulait son caramel ; on en oubliait les obus qui tapaient autour de nous, et dans mon secteur tout a bien marché, et la position allemande, brillamment enlevée. Sur le moment même je ne pensais pas à grand'chose en débitant mes sucreries. « Il faut passer... cochons de boches... » Voilà à quoi se résumait mon activité intellectuelle. Mais aujourd'hui que tout est calme, je sens, à vous raconter ce menu fait divers, une émotion rétrospective. Il me semble que mes deux chères belles-sœurs ont un peu combattu avec moi, qu'elles étaient ainsi, sans le savoir, secrètement associées à une heure de ma vie passablement émouvante. En m'envoyant vos exquis caramels vous avez donné du courage à quelques braves chasseurs, et peut-être procuré la dernière douceur de leur vie à certains d'entre eux que la mort attendait à quelques pas plus loin.

Le reste de la journée ne fut pas plus amusant. De 8 heures et demie du matin à 9 heures du soir, le bombardement n'a pour ainsi dire pas cessé. De 7 heures du soir à 9 heures, ce fut vraiment effroyable. Je commence à être cuirassé contre les émotions et les dangers de la guerre, mais je ne me souviens pas d'avoir rien vu d'approchant. Il tombait une moyenne de quarante obus à la minute, dans un espace de cent cinquante mètres de rayon.

Les arbres s'écroulaient, brisés en deux, la fumée de la poudre, la terre soulevée, les branches de sapin déchiquetées empêchaient d'y voir à un mètre. Et si par hasard, pendant quelques secondes, il y avait une brusque accalmie, on entendait les appels des pauvres blessés qu'il était impossible de secourir.

J'étais dehors quand tout à coup ce volcan formidable s'est abattu sur nous. Un obus fauche un immense sapin devant moi; ce fut mon salut. Je me suis mis dessous et y suis resté pendant dix minutes, à moitié sourd par suite de la violence des détonations. Puis, profitant d'un répit de quelques secondes, j'ai pu sauter à travers un espace particulièrement dangereux et me glisser dans un abri. Il n'était que temps! J'étais jeté tête baissée au fond de l'abri par un gros obus éclatant à trente mètres de là et dont la détonation soulevait une véritable rafale d'air qui me balayait sain et sauf dans ma grotte souterraine.

Aujourd'hui, heureusement, il fait un temps humide et obscur. Impossible d'y voir, et cela empêche le tir de l'artillerie ennemie. Les Allemands ont voulu nous contre-attaquer cette nuit. Ils ont été reçus de la belle façon. A la troisième tentative, ils se sont définitivement retirés.

Dans mon bataillon, il y a une centaine de tués et blessés, dont un officier, que j'aimais beaucoup. Avant de partir à l'attaque, il m'avait pris à part pour me dire combien il me remerciait de l'affection que je lui avais toujours témoignée. C'était un garçon d'une bravoure admirable et un cœur d'or. Il semblait qu'il eût le pressentiment de sa fin. Il avait ensuite chanté la *Sidi-Brahim* avec ses hommes dans la tranchée même du départ, et s'était élancé à l'assaut pour tomber cent mètres plus loin. Il s'appelait le lieutenant Chatelet. Cette mort a été pour nous un vrai chagrin, et a assombri notre succès. Mon meilleur lieutenant a été blessé ; c'était celui qui avait remplacé mon pauvre ami Massiou et je n'ai plus qu'un jeune aspirant de vingt et un ans. Voilà ma vie depuis vingt-quatre heures.

Je vous envoie toutes chaudes, toutes fumantes encore, ces heures de lutte, de danger et d'action. Vous y verrez que même à de pareils moments, vous avez votre place, ma chère Jeanne, et que je vous y garde la même fidèle et tendre affection.

Au capitaine L. L.

31 mai 1915.

Notre bataillon a été assez éprouvé ces jours-ci à la nouvelle attaque de la cote 955. Chatelet a été tué d'une balle au cœur, et c'est un deuil pour nous tous que la perte de ce charmant camarade, si exubérant, plein de gaieté et de vie. L'adjudant Malantre a été blessé gravement ; les sous-lieutenants Champlong, de la 7ᵉ, et Robert, de ma compagnie, blessés l'un et l'autre. Ballon a une balle dans le bras.....

C'est Giroud qui prend le commandement de la 7ᵉ. La cote 955 a été prise.....

Nous avons été marmités avec une intensité formidable. De ma vie je n'ai vu ni imaginé rien de pareil : soixante obus à la minute, du gros calibre surtout, dans un rayon de deux cents mètres, les arbres déchiquetés, un nuage de terre, de fumée, de feu, un volcan sur un tremblement de terre. C'était effroyable et assez meurtrier. Près de deux cents hommes hors de combat dans les unités de réserve. Le 68ᵉ a eu dans l'ensemble environ cent cinquante tués ou blessés. Bertin a eu son béret traversé par une balle : il aperçoit un Boche à vingt mètres, se baisse instinctivement, et a tout le sommet de son béret labouré par la balle. Renaud, au lendemain de l'attaque, a eu trois caisses de cartouches et sa bouteille de kirsch mises en l'air par un obus. Il prenait pour raconter cette catastrophe un visage solennel et sinistre vraiment impayable. Il est resté vingt-quatre heures sans une goutte de « corniflot ! »

Pour moi je suis actuellement dans les tranchées de première ligne, en plein découvert. Les Boches y déposent de temps en temps quelques douzaines d'obus, et j'ai chaque jour quatre ou cinq hommes hors de combat. C'est ce que les états-majors appellent, paraît-il, « un demi-repos ». Pourvu que cela ne devienne pas un repos complet entre quatre planches ! J'attends paisible et résigné la fin de cette existence peu folichonne...

CHAPITRE VI

DEVANT METZERAL

—

A Madame Antonin Clerc.

3 juin 1915.

..... Le secteur que j'occupe est particulièrement
bombardé par les Allemands. Depuis quatre jours
nous vivons dans un véritable ouragan de fer et
de feu. Avant-hier, ils ont écrasé la petite cahute
qui me sert de popote, mettant en pièces ma vais-
selle, mes bouteilles, mes provisions. Hier, à
5 heures, un coup de téléphone me demande près
du commandant. Je quitte mon abri dans la tranchée. Vingt minutes après, un gros obus explose à
côté, tue un homme et en blesse grièvement trois
autres qui s'étaient réfugiés dans cet abri pendant
mon absence. Je l'ai échappé belle. Enfin hier soir,
de 7 à 9 heures, nous avons été soumis à un déluge
de bombes, de grenades et d'obus de gros calibre.
Il faut avoir vécu dans une pareille fournaise pour
savoir ce que c'est. Le fracas déchirant des détonations, une fumée intense et infecte, la terre

labourée, les pierres, les éclats d'obus qui passent
en sifflant, la tranchée éventrée en dix endroits,
des blessés qui gémissent, toute l'horreur de la
mort et de cette infernale chimie vous mettent
dans un état d'anéantissement complet.

A un moment donné, j'appelle un de mes sergents qui était à mes côtés pour lui donner un
ordre. Pas de réponse. Je m'avance en tâtonnant
dans la fumée ; le pauvre garçon gisait, horriblement déchiqueté, sans que je m'en fusse même
aperçu. A un autre moment, un obus tape dans le
parapet de la tranchée juste au-dessus de ma tête,
et me voilà, avec mon lieutenant, enseveli sous
une avalanche de terre et de pierres. Ma pauvre
compagnie a été bien éprouvée. Je n'ai rien eu,
mais en sortant de là j'étais noir comme un diable,
sale, déchiré, tout couvert de boue. A 10 heures
et demie tout se calmait dans la plus pure et la
plus lumineuse des nuits de juin. Nous avons dîné
de bon appétit ; j'ai dormi comme une pioche, et
me voici aujourd'hui plus frais et plus dispos que
jamais, défiant tous les Boches de la terre, et ayant
un merveilleux appétit pour déguster vos friandises.
Pourvu que ce soir, où notre cuisinier a préparé,
grâce à vous, un véritable festin, nous n'ayons pas
encore un menu d'éclats d'obus et de mottes de terre !
Voilà ma vie. Je tâche de la prendre gaiement. Ce
n'est pas toujours facile ; mais j'y réussis assez
souvent, grâce à vous et à toutes les petites joies,
les attentions délicates dont vous me comblez.

METZERAL BOMBARDÉ PAR LES ALLEMANDS (Juin 1915).

La grosse fumée, à droite de l'église, est produite par l'explosion d'un 210 allemand. En haut, sur un mamelon, le kiosque où flottait le drapeau allemand, enlevé d'assaut par les chasseurs alpins.

(Communiqué par le Capitaine André Bertin).

A Mademoiselle W...

4 juin 1915.

Mademoiselle,

Comment vous dire ma profonde émotion en recevant votre lettre ce matin. La douleur si profonde que j'avais ressentie en perdant mon ami s'est renouvelée au contact de votre désespoir, en même temps que j'éprouvais une mélancolique douceur à pouvoir parler avec vous du cher disparu [1].

Je n'étais pas le capitaine de votre fiancé, car je commande la 8° compagnie ; mais j'étais son ami intime. Qui d'ailleurs n'aurait pas aimé cette nature chaude et vibrante, ce camarade incomparable, cet officier héroïque ? Durant ces dix mois de guerre, jamais il n'a eu une minute de défaillance. Dans des circonstances souvent fort pénibles, il conservait sa gaieté, son courage indomptable. Pour tous ceux qui le connaissaient, il était un exemple, un foyer de force et de réconfort. Pour moi qui le connaissais mieux encore, j'avais pu apprécier la délicatesse de ce cœur charmant, la bonté profonde d'une nature qui s'oubliait constamment pour ne songer qu'aux autres.

Au matin de sa mort, j'avais causé intimement

1. Georges Chatelet, lieutenant à la 7° compagnie du 68° bataillon de chasseurs alpins.

durant quelques minutes avec lui. Vous avez eu sa dernière pensée, le dernier battement de ce cœur tendre et généreux. Avant de partir à l'assaut il rassembla sa section, et avec eux entonna la *Marseillaise*. Une heure après, sur la position conquise, une balle lui traversait le cœur. Il a fait deux pas en arrière et est tombé sans souffrir, sans prononcer une parole. Son corps est inhumé à Kruth (Alsace); je ferai faire une photographie de sa tombe et vous l'enverrai.

Dans tout le bataillon c'est pour nous une consternation que de perdre cet ami exquis et intrépide. Pour ses chasseurs, ce fut une douleur simple, profondément émouvante. Tous ces bons et rudes visages étaient inondés de larmes, et la douleur de tous a fait au cher héros mort pour la France la plus belle des funérailles.

Que vous dire de plus, Mademoiselle? Votre douleur est de celles que rien ne peut consoler; je la comprends, je la partage, d'autant mieux que j'aimais Georges d'une affection fraternelle et que j'ai été moi-même cruellement frappé depuis trois mois en perdant un frère que j'adorais et mon beau-frère. Tàchons de faire notre sacrifice à la France, et de nous unir à nos morts en ayant vis-à-vis de la douleur un courage égal à celui qu'ils ont eu en face du péril.

Ne les plaignons pas ; leur sort est le meilleur. Puissent tant de sacrifices et de sang sauver notre patrie.

Je vous ferai envoyer la croix de guerre de
Georges et la croix de la Légion d'honneur que le
général de division a tenu à accrocher tout de suite
à sa poitrine expirante. Puissent ces souvenirs
vous être un adoucissement dans votre détresse.

. . . .

Croyez, mademoiselle, à ma bien respectueuse et
douloureuse sympathie.

A ses parents.

5 juin 1915.

.....Je viens de passer quelques journées fort
dures, dans un secteur de tranchées tout à fait
détestable, en plein découvert, et où nous sommes
exposés à un bombardement incessant et parfois
d'une rare violence. Ma pauvre compagnie a été
fort éprouvée, et ceux qui n'ont été ni tués ni
blessés sont passablement abasourdis et fatigués.
Voilà dix jours que nous sommes dans cette situation. En face de nous les troupes allemandes ont
déjà été relevées deux fois, et pourtant leur situation est infiniment meilleure, car ils sont sous
bois et nous ne les canonnons presque jamais. Il
y a dans notre région assez peu de troupes; on
nous demande des efforts vraiment excessifs et
les états-majors tranquilles et à l'abri n'ont pas
l'air de s'en douter. Mais j'ai dit ce que je pensais

de la façon la plus calme, la plus mesurée et aussi la plus énergique.

Voilà les jours qui passent et ils amènent bien peu de changements dans notre situation militaire...

Pour moi, il faut dès maintenant nous préparer à une seconde campagne d'hiver. Peut-être qu'une épreuve très longue et très sanglante sera plus salutaire à notre pays en lui apprenant la dure loi de l'effort, en même temps que la nécessité de l'union, que nous avions en France, dans tous les partis, si follement oubliée. La reconstitution du cabinet anglais est une grande leçon pour nous; elle montre l'indomptable résolution de nos alliés qui en outre vont, je pense, voter le service obligatoire.

Clemenceau a publié sur ce sujet de bien vigoureux et lumineux articles dans son journal. Je ne l'aimais pas beaucoup avant la guerre, mais il me semble être à l'heure actuelle un des plus clairs et des plus vigoureux bon sens de notre pays.

La nomination d'Albert Thomas ne m'a pas déplu. C'est un homme d'une vigoureuse intelligence et d'une puissance de travail formidable. Il peut apporter à son service la direction la plus utile.

Je crois que l'absence de parti-pris et le bon sens sont les premières qualités pour gouverner un peuple, et je préfère un homme fort intelligent et sans idées préconçues, fut-il révolutionnaire, au plus brave homme du monde obstinément enfoncé dans ses théories ou ses idées fausses.

Nous sommes à une heure où chaque Français doit faire son examen de conscience. Avant la guerre les uns disait : « C'est la faute à la Réaction », et les autres répondaient : « C'est la faute à la République »..Et chacun, satisfait de ces stupides formules, courait d'un pied léger à son plaisir et à son égoïsme.

Je ne prétends pas absoudre le détestable régime radical fait de cupidités et de haines mesquines. Mais chacun a sa faute à pleurer et à réparer... Si on avait eu plus de tolérance, de largeur d'idées, de souci du bien public, on aurait eu plus de force pour dénoncer l'intolérance de l'esprit de secte des radicaux.

Voyons nos erreurs aussi bien que celles de nos adversaires. C'est le seul moyen d'en éviter le retour et d'empêcher notre pays six mois après la paix de retomber dans le gâchis...

Ce sont là chez moi des idées fort anciennes et qui n'ont pas toujours été comprises dans mon court passage à travers la vie publique. Mais les tragiques événements de l'heure actuelle me semblent montrer que je n'avais pas tort...

A Madame Jacques Salats.

5 juin 1915.

..... Je me demandais il y a une heure si je pourrais venir à vous aujourd'hui. Les Allemands nous ont une fois de plus régalés d'un bombardement en règle et je sors à peine de la tranchée, tout couvert de terre, d'éclats de pierre, sale, noir à plaisir et complètement stupide.

Vraiment ces gros obus qui tombent à côté de nous et autour de nous pendant une heure ou parfois deux avec un tapage assourdissant sont une des épreuves les plus terribles de la guerre.

.....Il y a peu de troupes par ici; on nous demande un effort incessant; voilà dix jours que j'occupe ces tranchées, affreux boyaux creusés dans la terre en plein découvert, où nous sommes brûlés par le soleil et assaillis par une armée bigarrée, bruyante et effroyable de mouches; il y a des détritus, des restes de cadavres déchiquetés tout autour de nous qu'il est impossible de ramasser, car nous sommes dominés par une crête où se trouve l'artillerie allemande et au moindre mouvement c'est une averse d'obus.

J'imagine que dans le calme et la douceur de Fleury vous ne pouvez guère vous représenter ce qu'est notre vie et je m'étonne moi-même que nous puissions les uns et les autres résister à de pareilles épreuves. Enfin, je tiens bon; à certains jours de lassitude ou d'épuisement je me reproche même de ne pas trouver plus d'exaltation et de joie à la pensée de la grande tâche dont je suis un des humbles ouvriers.

.....Je ne vous ai pas dit encore combien j'avais été ravi de recevoir la photo de ma jeune nièce et

de ses parents. Vous paraissez la sœur aînée de
votre enfant. Jacques a un air à la fois martial et
attendri, et ce fut pour moi une douce émotion que
de revoir vos chères figures à tous deux et celle
du petit être que j'aime déjà et que j'espère connaître un jour.

A sa femme.

6 juin 1915.

..... Mon pauvre ami Chatelet n'était pas de ma
compagnie, mais je l'aimais beaucoup ; c'était la
gaieté et la vaillance faites homme. Il semblait
qu'il eût le pressentiment de sa mort dans ces bois
où nous nous sommes battus depuis six semaines
et où nous avons laissé tant des nôtres.

..... Nos deux bataillons, 28ᵉ et 68ᵉ, ont perdu
onze cents hommes et une vingtaine d'officiers pour
gagner quelques centaines de mètres et deux
petites croupes misérables. Les Boches n'ont pas
eu la moitié autant de pertes, et je me demande
s'ils n'ont pas raison de limiter ainsi leurs efforts
au strict minimum ; c'est nous qui avons avancé,
mais au prix d'efforts cruels et sanglants.....

En même temps que Chatelet, est mort un officier du 28ᵉ chasseurs, le lieutenant de Saint-Hillier[1]. Il était dans la cavalerie, dans le Nord, et

1. Amédée de Saint-Hillier, blessé le 27 mai, mort le 1ᵉʳ juin 1915
des suites de ses blessures, à Bussang (Vosges).

avait passé dans l'infanterie comme sous-lieutenant. Il était très jeune, plein de gaieté et d'entrain. Encore un bon camarade qui tombe!

Ce matin une messe a été dite en plein air par un aumônier. Puis les tombes de nos morts ont été bénies. Il y a un petit cimetière bien aménagé avec des allées, des croix, où dorment un grand nombre de ceux qui sont tombés par ici. D'habitude on transporte le corps des officiers jusque dans le village, pour que leurs familles puissent les retrouver. Je trouve cela injuste, et si j'étais tué, je souhaiterais être enterré au milieu de mes chasseurs. Un chef ne doit pas être séparé de ses soldats dans la mort comme dans le combat.

7 juin 1915.

..... Il fait toujours un temps admirable, et que ce serait bon de pouvoir vivre un peu tranquille, de ne pas entendre constamment éclater des obus ou siffler les balles! Mais c'est là un rêve qu'il faut renvoyer à bien loin, je crois. Un capitaine d'un bataillon voisin m'a pourtant dit savoir de source certaine que le haut état-major comptait que la guerre finirait vers le début de septembre. Mais je n'attache aucune foi à tous ces racontars, et il faut voir la tête de mes camarades quand je leur déclare froidement que dans un an nous serons encore en guerre, et que je leur développe un par un les nombreux motifs de cette désolante conviction. Comme jusqu'ici mes prédictions pessimistes se sont toujours réalisées, on commence à écouter avec un certain respect mes tristes oracles.   .   .   .   .

.   .   .   .

Je reçois une lettre du peintre Desvallières à qui j'avais écrit pour la mort de son fils, engagé volontaire et tué récemment en Alsace. Cette lettre est bien belle. Quelle force, quelle sérénité dans la douleur! Quel rayonnement d'abnégation! Desvallières est vraiment une âme admirable.

A Monsieur Charles Viraut.

7 juin 1915.

Votre bonne lettre du 3 juin est venue me rejoindre aux avant-postes, que nous ne quittons plus depuis plusieurs mois, que pour attaquer et en cas de succès creuser rapidement de nouvelles tranchées.

Notre vie ne varie guère dans sa rude monotonie et je ne compte pas sur un changement avant longtemps.

La puissance de l'Allemagne reste formidable. Si elle est à peu près maîtrisée en ce qui nous concerne, elle est loin d'être dominée; des mois et des mois d'usure tenace et patiente seront indispensables, et les Anglais n'auraient pas remanié leur cabinet, ils ne parleraient pas de service obligatoire s'ils envisageaient la victoire pour le courant de cet été. Raymond[1] aura donc le temps de tirer force coups de canon...

Pour le moment, je suis à un demi-repos depuis hier à cinq cents mètres des tranchées, au milieu d'une grande forêt, où nous habitons un petit village souterrain pour nous mettre à l'abri des obus. Et, comme le temps est superbe, cette existence de Robinson ne manque ni de gaieté, ni de pittoresque. Le bridge sévit avec fureur. Par exemple, les jours précédents avaient été moins gais. Nous avons été dans nos tranchées bombardés avec une violence furieuse ; j'ai perdu près du cinquième de ma compagnie.

J'ai ramassé moi-même un petit éclat d'obus sur la tête qui m'a coupé le cuir chevelu, mais j'en ai été quitte pour un rapide pansement, sans avoir à abandonner ma compagnie. Mon crâne ressemble à une peau d'ananas, tout couvert de bosses, car en dehors de cet éclat d'obus j'ai été arrosé d'un nombre appréciable de cailloux de toutes tailles, projetés par la violence des explosions.

Mais je conserve malgré tout mon calme et mon fatalisme paisible, qui m'empêche de trop songer à l'avenir, à cet avenir qui me réserve encore bien de durs moments jusqu'à la paix, et après la paix, si je reviens, bien des douleurs et de lourds devoirs. Ne pensons qu'à la victoire de notre pays ; cela seul

---

1. Raymond Viraut, sous-lieutenant pilote-aviateur, tué à Verdun dans un combat aérien le 19 mai 1916 à l'âge de 20 ans.

peut nous donner la force de lui consentir sans réserve tous les sacrifices qu'il nous demande.

A sa femme.

9 juin 1915.

... Le courrier de ce matin m'apporte une triste nouvelle. André Bonneau a été tué le 23 mai d'une balle dans la tête à Notre-Dame-de-Lorette. J'étais lié à lui comme à ses frères par la plus ancienne et la plus affectueuse amitié. C'était un charmant garçon, une nature loyale et droite comme il n'y en a pas beaucoup et qui méritait toute l'amitié et toute l'estime que lui portaient tous ceux qui l'avaient approché. Il était resté longtemps au dépôt de son régiment et en était navré. Il multipliait ses demandes pour partir pour le front et avait obtenu à la fin de février d'être envoyé comme lieutenant au 170° régiment d'infanterie. Il avait pris le commandement d'une compagnie, car à son régiment, comme partout, il y a une terrible pénurie d'officiers. La compagnie venait d'enlever une première ligne lorsqu'il est tombé mortellement frappé. Son corps même n'a pu être retrouvé dans l'effroyable bouleversement du terrain labouré par les deux artilleries et couvert de cadavres qui ont été enterrés en hâte. C'est par une carte d'Antoine que j'apprends ce nouveau deuil, dont je suis bien tristement ému. Je me demande, si j'en reviens, qui je retrouverai vivant de tant d'amis ou de camarades, pas beaucoup parmi ceux qui auront réellement fait la guerre. Si nous savions au moins quand s'arrêtera cette horrible boucherie !

Il fait des orages presque quotidiens. Mais nous commencions à tellement souffrir de la chaleur que la pluie a été la bienvenue. J'ai un abri suffisant pour dormir à l'abri des averses. Quand il ne pleut pas nous avons une salle à manger tout entourée de branches de sapin, à la fois rustique et confortable. J'avais invité hier le commandant, Sabattier et deux officiers d'artillerie et nous avons eu un vrai festin par l'abondance et la qualité. Il est vrai que ce n'est pas toujours la même chose, fort heureusement du reste, et des festins comme celui-là compensent les nombreuses journées où il nous faut déjeuner et dîner dans la tranchée d'un morceau de pain et d'une boîte de conserves. Cela n'empêche pas le temps d'être terriblement long. On n'ose pas songer à l'avenir qui nous réserve de nouvelles fatigues et de nouveaux périls.....

A ses parents.

9 juin 1915.

..... Voilà bientôt onze mois que nous sommes en guerre. Qui aurait cru à une pareille durée des hostilités et à la possibilité pour le pays et pour l'armée de supporter de si longues épreuves !

..... J'ai une petite demeure souterraine fort convenable où je suis parfaitement à l'abri, et nous menons, mes hommes et moi, une vie de tribu nègre, avec nos cuisines en plein air, le linge qui sèche, le ruisseau où chacun se lave avec délices des pieds à la tête; nous voisinons entre compagnies.

André Bonneau si enthousiaste, si ardent dans son patriotisme est tombé presque au même endroit que mon cher frère. Que ce coin de notre terre de France a donc été arrosé d'un sang généreux !

J'ai eu le chagrin de perdre il y a dix jours un de mes amis du bataillon. C'était un officier remarquable, tout débordant de vie et de jeunesse. Quelle affreuse chose que de voir tant de force, de bonté, d'avenir anéanti en une seconde. Mon pauvre ami était fiancé, et sa fiancée m'a écrit une lettre admirable de douleur, de courage, de patriotisme. Vraiment quels trésors il y a encore dans l'âme de la France ! Quels beaux exemples nous y trouvons chaque jour, quels motifs d'espérer le salut, la régénération de notre pays !...

A M. Georges Dondenne.

10 juin 1915.

Mon cher vieux,

Ta bonne et longue lettre m'arrive ce matin. Elle me fait tant de plaisir que je veux y répondre tout de suite. Ma compagnie est aujourd'hui en réserve, c'est-à-dire à un demi-repos pour quarante-huit heures et je me hâte d'en profiter. Je crois qu'ensuite des journées assez dures nous attendent.

Je t'assure que je ne partage pas ton optimisme en ce qui concerne la date de mon retour. Je suis persuadé qu'il y aura une seconde campagne d'hiver. Il faut voir la guerre de près, la faire réellement pour savoir ce que c'est, et pouvoir juger des événements. Les Allemands ont fait des 400 kilomètres de leur front occidental une sorte de bastion puissant, partout prodigieusement organisé et outillé. On ne peut avancer qu'au prix d'une consommation énorme d'obus et de pertes très lourdes. Une ligne est-elle enlevée, qu'on se heurte à une seconde 500 mètres plus loin et ainsi de suite. Les Allemands ne perceront pas notre front; arriverons-nous à percer le leur? Par beaucoup de points : artillerie lourde, puissance de projectiles, etc..., ils nous sont encore supérieurs. L'improvisation hâtive, désespérée de dix mois de guerre, aussi admirable soit-elle, ne compensera jamais la préparation minutieuse, tenace et méthodique de dix ans de paix.

L'armée acceptera une deuxième année de guerre, avec cette résignation héroïque dont elle a donné tant de preuves depuis dix mois. Je suis en admiration devant mes chasseurs, leur courage, leur patience, leur esprit de dévouement et de sacrifice. Je sors à peine d'une ligne de tranchées où nous avons été effroyablement marmités et où j'ai laissé en quelques jours près du quart de ma compagnie ; nous étions accroupis dans d'étroits boyaux de terre, brûlés de soleil, au milieu de l'infection qu'amènent des cadavres mutilés, hâtivement enlevés sous les obus, et les tristes nécessités de la vie comme de la mort. Il faut avoir vu, comme je l'ai vu, des pères de famille de trente-cinq ans ou des enfants de dix-neuf ans, cramponnés à leur poste sous une avalanche de feu, ne pas quitter ce poste, surveiller l'ennemi, le repousser, malgré leurs camarades qui tombaient à leurs côtés, pour comprendre l'admiration attendrie que j'ai pour ces modestes héros. Le peuple nous a donné un grand exemple d'abnégation, de devoir, de courage ; j'ai puisé à son contact quotidien une affection profonde pour lui...

J'espère que cette sanglante épreuve servira de leçon à notre pays. C'est un vrai miracle qu'il n'ait pas sombré tout entier. Puisse-t-il, après la paix, se mettre à l'œuvre et réparer les erreurs du passé !

Malgré tant de fatigues, de périls, de souffrances, malgré les deuils qui m'ont si cruellement déchiré le cœur, je me porte à merveille et je conserve, par-dessus mon pessimisme, l'entrain, l'activité et, je crois pouvoir le dire, le courage de jadis.

Il faut que je te quitte, car voilà l'ennemi en train de nous régaler d'une averse d'obus et il faut que j'alerte ma compagnie. En hâte toute mon affection

pour toi'et ta chère femme. Donne-moi de tes nouvelles. Si tu vois Millerand, transmet-lui mon affection en souvenir. Il a dans toute l'armée une réputation immense et méritée. Surtout qu'il ne nous
abandonne pas.

A Monsieur Jullian.

14 juin 1915.

..... Vie toujours très ardente, très mouvementée ; attaques, bombardements, contre-attaques :
le programme de la fête est au grand complet. Je
m'en suis tiré avec un petit éclat d'obus qui m'a
coupé le cuir chevelu, mais m'a laissé intact, je
vous prie de le croire, et à la tête de ma compagnie, avec mon crâne entortillé de bandelettes.

Je m'attends à de longs mois de guerre encore,
mais tenons bon, jusqu'au bout.

A Monsieur Max Girard.

14 juin 1915.

J'ai reçu hier la boîte de cigares et le poulet à
la gelée. Il semble que votre affection devine toujours mes désirs. Les « Upmann » sont un événement dans tout le bataillon et il faut voir mes
camarades venir en humer un dans ma tranchée.
On braverait, pour un de vos cigares, tous les

420 du monde. Quant au poulet à la gelée, il va me rendre de précieux services; demain nous allons attaquer de nouveau, et pendant plusieurs jours pas de cuisine régulière, mais uniquement quelques boîtes de conserves parmi lesquelles vous allez nous fournir le plat d'honneur et de résistance.

Toujours la même existence d'attaques et de combats. Voilà soixante-seize jours que nous n'avons eu de repos. Pauvres Alpins! Je crois qu'il faut nous attendre à de longs mois de guerre. Puissé-je me tromper, et puissé-je surtout, après la victoire, être encore en vie pour vous dire moi-même toute ma vive et reconnaissante affection!

A ses parents.

14 juin 1915.

..... J'ai reçu de Tullins et de Grenoble de nombreuses lettres de félicitations pour ma croix, et aussi une belle croix de la Légion d'honneur que m'ont offerte mes amis de Tullins et de Fures. J'ai été bien touché de leur affection si sincère.

Les officiers du bataillon m'ont aussi offert une autre croix.

Le temps est superbe et même très chaud; mais si l'été nous épargne les souffrances de l'hiver, il nous donne un lourd surcroît de fatigues et de dangers avec des journées qui n'en finissent pas et des combats presque incessants. Aussi avons-nous

hâte que l'hiver revienne, d'abord parce que d'ici-
là, espérons-le, les événements auront un peu
marché, et ensuite parce que les éléments nous
contraindront bien à un demi-repos.

Nous n'avons eu guère de répit et nous sommes
à la veille d'une attaque qui m'absorbe pas mal :
Revues à passer, ordres à donner, matériel à distribuer, etc... Et me voilà obligé de vous expédier en hâte quelques mots de tendresse pour vous
dire que je continue à fort bien aller.....

A Madame René Lisle.

14 juin 1915.

..... Depuis ma dernière lettre nous avons eu
des journées fort agitées. Après une période de
tranchées et de demi-repos nous sommes à la veille
de recommencer une série d'attaques qui, dans
cette région de bois et d'étroites vallées, sont toujours très dures. Aussi je vous écris à la hâte, sur
un bout de planche branlante, et j'ai juste le temps
de venir à vous pour vous quitter aussitôt. Il faut
que j'aille reconnaître l'emplacement d'où ma compagnie doit demain sortir des tranchées pour attaquer l'ennemi, que je règle une foule de questions
de détail; bref c'est le branle-bas de combat.

Où serai-je, et que ferai-je demain à pareille
heure? Une fois de plus je me pose cette question
avec un peu d'anxiété. Mais chacun de nous finit

par devenir fataliste, et nous nous abandonnons
sans crainte, comme sans regrets, au destin qui
nous entraîne. A des heures pareilles je pense
toujours avec plus de tendresse à tous ceux que
j'aime et qui m'aiment, que j'espère revoir, et que
dans quelques heures une balle ennemie m'obligera
peut-être à quitter pour toujours.

Comment vous dire la place que vous tenez dans
ces pensées, vous et les vôtres. Vous m'avez
témoigné si constamment tant de sollicitude, une
affection à la fois si réconfortante et attendrie,
que vous occupez une place chaque jour plus
grande dans ma vie de soldat et dans mon cœur
si profondément attaché.

Pardonnez-moi de vous parler ainsi, et peut-être
de vous alarmer en vain. Mais j'ai pris l'habitude
de causer avec vous sans rien dissimuler de ce
qui fait ma joie et ma peine..

D'ailleurs croyez bien que cette attaque de
demain, à côté de l'inévitable émotion, me donne
aussi une sorte de joyeuse impatience et la fierté
de faire mon devoir.

A sa femme.

14 juin 1915.

. . . .

Notre artillerie et l'artillerie boche font un
tapage d'enfer.

Je vous préviens que pendant quatre ou cinq jours j'aurai juste le temps de vous envoyer une carte postale. Demain nous devons recommencer à attaquer. Toute une série d'opérations est prévue, auxquelles ma compagnie va être activement mêlée.

Ne vous attristez pas...

MONUMENT ÉLEVÉ PAR LES CHASSEURS ALPINS
A LA MÉMOIRE DU CAPITAINE ROBERT DUBARLE (Cote 700).

Le 15 juin, premier jour de l'offensive qui devait nous conduire a Metzeral, le capitaine Robert Dubarle tombait, a la cote 955, frappé d'une balle au cœur, alors qu'a la tête de ses chasseurs, il les entrainait a l'assaut d'une tranchée ennemie au cri de : « En avant pour la France. »

Les deux pièces suivantes sont extraites du carnet de campagne du capitaine Robert Dubarle.

La première a été composée au mois d'octobre 1914, après les durs combats de Mortagne, au cours de cette cruelle retraite de Lorraine, qui obligea le 68ᵉ bataillon de chasseurs alpins, auquel il appartenait, à contenir l'ennemi pendant huit jours et huit nuits consécutifs.

Sous cette forme dialoguée qui lui est habituelle, le valeureux officier a exprimé les angoisses déchirantes et l'invincible espoir dont il a senti tour à tour son cœur étreint et transporté.

Ces voix de la Défaite, conseillères d'abandon et de découragement, ce sont celles que les âmes les plus fortes ne veulent pas entendre, même en face de la force et de l'iniquité triomphantes. Elles sont coupées de mâles répliques, d'une inspiration toute cornélienne, jaillies d'une volonté héroïque et toujours maîtresse d'elle-même, qui, par delà les alarmes et les incertitudes du péril, attendait avec une imperturbable confiance la récompense promise à ceux qui luttent et qui espèrent.

La seconde pièce est un cri de repentir pour les erreurs passées, de foi en l'avenir, un élan passionné d'amour et d'immolation, une hymne à la Patrie.

RÉPONSE A LA VOIX DE LA DÉFAITE

— Fuis, fuis. N'entends-tu pas la déroute qui s'engouffre jusqu'au fond de l'horizon? Les escadrons sont rompus, les régiments dispersés, les canons se taisent. Fuis, te dis-je. Qu'attends-tu?

— L'ennemi.

— Il est là. Son pas ébranle le sol. Son chant de victoire remplit l'horizon. La chaussée est trop étroite pour ses canons alignés, ses escadrons qui se précipitent, son infanterie qui s'avance comme un mur d'airain. Déjà il piétine ta terre natale. Son talon écrase les morts que nul n'a pu enterrer.

**

Hier tu saluais la guerre et tu invoquais l'avenir. La guerre! mais c'est sur leurs cohortes, qu'elle fait claquer son étendard écarlate. L'avenir! mais ils l'ont asservi de leurs mains disciplinées et brutales. Faible enfant d'une race exaltée et débile, fuis, te dis-je. L'heure est passée des chimères. La réalité t'écrase et tu vas mourir.

— J'espère.

— Qu'espères-tu? Ils sont le nombre, ils sont l'ordre, ils sont la violence.

Ils ont guetté ton peuple, comme un chasseur patient. Ils ont attendu l'heure, rempli leurs arsenaux, entassé les obus. Ils ont forgé les monstrueux canons, asservi les éléments, et maîtres de la Vie et de la Mort enchaînées à leur char, ils se sont précipités.

La machine aux rouages innombrables était prête. Minutieuse, compliquée, formidable, elle était l'œuvre de leur orgueil, de leur persévérance, de leur haine. La voilà en mouvement et le sang de tes frères qui ruisselle engraisse à chaque seconde le mécanisme meurtrier et insatiable.

— Qu'importe! D'autres viendront, et qui sont déjà prêts, prendre la place des morts.

*
* *

—Insensé, insensé et digne fils d'un peuple rieur, bavard et stérile. Ouvre tes yeux, avant qu'ils ne soient fermés à jamais. A l'Ouest, à l'Est, au Nord, au Sud, Eux, Eux, partout.

Ils épuiseront tes yeux avant que tu aies pu mesurer leur masse immense.

Une force invincible précipite leur marche ; rien ne fait hésiter leurs pas. Ils ont massacré les faibles, accablé ceux qu'ils avaient juré de respecter. Le parjure et l'assassinat ont coupé leurs premiers lauriers. Tu rougis, tu t'indignes. Fils de vaincu et vaincu toi-même, que te sert ta colère? Ils ont brisé l'obstacle, piétiné leur serment, et joyeux ils se rient des faibles qu'arrêtent de vains scrupules et qu'attend la servitude.

Ils ont enchaîné les plus antiques libertés, incendié les plus nobles cités. Ils portent la torche avec le glaive ; ils connaissent la ruse qui ouvre les portes d'airain ; ils savent frapper par derrière ceux qui les attendent face à face ; ils trempent leurs trophées dans le sang des femmes et des enfants ; et comme ils chantent quand, dans le soir, l'incendie de la ville conquise illumine leur nuit farouche !

Ceux-là sont des guerriers qu'aime la Victoire.

— Ceux-là sont des barbares que flétrit la honte.

* * *

— Ils ont pillé les demeures, outragé les vierges, assassiné les vieillards. Leurs fourgons cèdent sous le poids du butin. Louvain fume encore derrière leurs pas et la cathédrale de Reims s'embrase devant eux. Quels bûchers pour éclairer leur route !

Tu protestes. Tu parles de droit et de justice. Ignorant ! apprends la philosophie nouvelle et l'Evangile d'acier : La Force, la Force, la Force. Et leur ruée guerrière submerge ta patrie captive.

Debout sur les ruines entassées ils chantent, ivres de carnage et de triomphe.

Demain le monde entier, subjugué par leur victoire, répétera avec eux leurs strophes triomphales...

Tourne ton front. Regarde, interroge, invoque. Rien. Pas une voix, que celle des mourants ; pas un homme en vue, que les soldats écrasés de fatigue et là-bas, là-bas, plus loin encore, des populations qui fuient. Pas un cri ne répond à ton appel que le canon ennemi qui veille sur leurs victimes et qui tonne dans l'ombre.

Allons, tout est vain. Tu as fait ton devoir. Que te sert de t'obstiner. Comme tu trembles... Ce pas dans l'ombre... Il est l'heure ; toute seconde qui fuit emporte un peu de ta vie comme un rapace emporte un lambeau de chair à son bec. Dans un instant il sera trop tard.

Fuis, fuis, fuis,

*

— Tais-toi, toi qui parles ce soir tandis que la nuit s'épaissit et que s'apaise le dernier fracas

de la bataille. Je suis là où le Devoir m'appelle.
Voix de la Défaite, je ne t'entends pas.

Je suis seul. La pluie tombe. Les ténèbres gémissent encore du cri des blessés. Au loin le pas des miens s'éloigne vers d'autres combats et un destin nouveau. Je veille.

Mes soldats se reposent à mes côtés ; les sentinelles interrogent l'ombre. L'ennemi accablé dort dans ses tranchées et enterre ses morts.

*
* *

— N'entends-tu pas là-bas, là-bas ?

— Oui, j'entends des cris, des chants. Ils sont vainqueurs et ils se réjouissent. Qu'ils se hâtent dans leur allégresse, et qu'ils tremblent. Jamais mon cœur n'a été plus calme et mon espoir plus ferme. J'ai vu de l'aurore au couchant les champs jonchés de cadavres. Combien étaient-ils, mêlés les uns aux autres, à jamais étendus ? Mais je n'ai contemplé que les morts de mon peuple, je n'ai respiré que le sang de ma race qui ruisselait à travers les sillons. Et je n'ai pas tremblé.

Dormez, mes frères, vous serez vengés. Fume, ô sang vermeil, sous le soleil d'août. Ta source n'est pas tarie.

*
* *

— Des pas résonnent — une troupe s'approche — Prends garde.

— Aux armes, debout, l'ennemi est là...
Mais déjà il se disperse dans l'ombre. Les combattants épuisés reprennent leur sommeil un instant interrompu et seul, debout au milieu d'eux, je veille...

*

Nuit de bataille et nuit de défaite, tandis que tant de corps se glacent, que tant de blessés appellent, que la Victoire s'enfuit loin des miens, nuit sombre et glacée, je t'aspire éperdument. L'heure est venue que je n'osais espérer où chacun doit s'arracher à lui-même et vivre une vie nouvelle, silencieuse, héroïque.

*

Hier, ivre du combat prochain, ignorant des fatigues et des dangers qui m'attendaient, comme un enfant joyeux j'ai salué la guerre.
Aurore nouvelle, ciel sanglant, rédemption meurtrière, lui disais-je, je t'invoque. Tu viens sans que nous t'ayons appelée. Mais ton aspect ne

nous fera pas pâlir. O Victoire que nul de nous n'osait plus espérer, j'entends déjà ton quadrige éclatant qui roule vers nous à travers l'avenir. Exaltation d'un enfant à laquelle répond aujourd'hui la tragique réalité. Je ne doutais pas. Je ne craignais pas. J'étais enivré.

J'ai appelé la Victoire et c'est la Défaite qui m'a répondu.

Aujourd'hui je regarde, je comprends. Pendant huit jours et huit nuits, sans répit j'ai marché, j'ai lutté. L'armée bat en retraite et pourtant, immobile dans l'ombre, contemplant l'horizon où s'allument de brusques lumières, écoutant les ténèbres peuplées de cris, tout meurtri du choc inattendu, mesurant le sort amer qui accable ma patrie, ce soir, mieux encore qu'hier, je ne doute pas, je ne crains pas.

*

Oui, l'heure est venue, plus austère et plus belle que je ne l'attendais. Marcher tout éclaboussé de soleil, combattre dans l'allégresse et mourir dans la victoire, qu'est-ce cela ?

A ce peuple dont le destin aujourd'hui hésite et balance entre la résurrection et le cercueil, une épreuve plus haute était réservée. Avancer dans la boue, souffrir du froid, de la faim, le soir venu reculer, céder la terre où dorment les nôtres, ne connaître, à l'heure première de la bataille, ni joie, ni heureux refrains ; pas de lumière dans le ciel, pas de lauriers au front des armées ; reculer encore ; se laisser accabler par le fer et par le feu, sans pouvoir répondre ; être mal armé, mal préparé et pourtant croire, croire, croire ! Hier tu dormais pendant que l'ennemi veillait. Sors de ton rêve humanitaire et fraternel. Voici le danger, voici la souffrance, voici la Mort. Et pourtant reste debout, combats, espère.

*

Je l'entends ce soir le grave et sévère enseignement : « Sache espérer et après tu sauras vaincre ». Que ton corps tremble de froid ; que ta chair cède à l'angoisse qui l'étreint ; mais que ton cœur, au milieu de ta poitrine glacée, reste joyeux et embrasé.

Demain c'est la Mort. Je l'accepte. Demain c'est la déroute. Je l'accepte. Demain c'est un cri de douleur qui retentit dans le monde entier devant ma patrie qui défaille. Je l'accepte.

Mais d'autres aurores se lèveront. Si je ne suis plus là, mes frères les verront. D'autres batailles suivront ; mes frères y triompheront. D'autres jours viendront et aux cris d'angoisse succéderont des cris de joie.

Reste debout, soldat obscur. Nul ne connaît ta souffrance ; ton sacrifice demeurera ignoré. Réjouis-toi. Ta souffrance est plus pure, ton sacrifice plus noble.

Fais ton devoir et espère. Espère de toutes tes forces, espère éperdument et réjouis-toi, Français qui va mourir.

Ceux-là seuls sont vaincus qui ont désespéré de leur patrie.

A LA PATRIE

Je suis là. Au soir de la bataille je veille, debout à mon poste et mes yeux appesantis interrogent l'étendue immense et glacée.

*
* *

Est-ce toi qui passes dans l'ombre? Oui, j'aperçois ta face épuisée, ta splendeur mélancolique, Patrie.

Patrie, arrête-toi. Viens vers tes fils et prodigue-leur ton maternel encouragement.

*
* *

Ils sont las. Ils ont lutté tout le jour. Ils ont souffert, mais pas un n'a reculé.

Au soir, accablés par le nombre immense, ils se sont retirés, mais leurs visages défièrent l'ennemi et l'arme que tu leur as confiée brille encore dans leurs mains crispées.

* *
*

Regarde, ô mère. Inonde tes tristes yeux de leur spectacle héroïque. Reprends confiance. Déjà la victoire germe sur le champ de la défaite, comme un jeune blé, d'où demain s'élancera la gloire innombrable des épis. Repose-toi, toi qui es fatiguée. Rassure-toi, toi qui trembles. Espère, toi qui désespérais. Incline sur nos poitrines qui battent ton front déchiré.

* *
*

Patrie, patrie, écoute l'appel de tes fils.

Depuis mes premiers jours j'avais vu devant mes yeux à peine ouverts rayonner ton divin visage. J'avais appris à célébrer ta beauté, à vivre pour toi. Je t'adorais dans les mille formes de ta splendeur.

Toute mon âme s'agenouillait devant ton génie, ta fécondité, ton immortalité. Que de fois devant mes regards d'adolescent, je t'ai vue surgir éclatante et parée! Tu étais ma raison, mon guide, mon ardeur secrète. Je m'anéantissais en toi pour me sentir plus fort ; et jamais je n'étais plus libre et plus vivant que lorsque je te faisais le don de mes désirs, de mes espoirs et de toute cette passion impatiente qui me consumait. Autel glorieux où je rêvais de m'immoler dans le don suprême de ma jeunesse incertaine et enivrée !

* *

Que le printemps, éclatant, mélancolique et paré, se lève sur ton sol renouvelé ! Que des champs, des forêts et des montagnes surgisse ta jeunesse radieuse ! Que, couronnée, pacifique et féconde, tu dévoiles ton sein délicieux et tes trésors ruisselants ! Au milieu de tes enfants, je t'adorais, mère bien-aimée. Tu étais la voix secrète qui guide, l'enseignement qui domine tous les tumultes, l'amour qui ne trompe pas et qui seul peut satisfaire un cœur trop affamé. Je te voyais assise au milieu des cités prospères, debout à la proue des navires ; les peuples baisaient ta robe de pourpre ; semeuse infatigable, tu passais à travers les sillons, semant le grain, d'où demain germerait la moisson.

* *

..... *Doublez les sentinelles, prévenez le petit poste, fouillez ce bois où l'ombre s'agite...*

* *

Je croyais le connaître, l'aimer, l'honorer. Mais aujourd'hui tu m'apparais plus belle encore et je découvre enfin ta splendeur. Tu n'es plus, à mes regards qu'appesantit la fatigue, la Paix joyeuse, la Richesse patiemment entassée, la nature privilégiée qu'ornent des grappes et des gerbes.

Ta robe est déchirée; ton corps saignant. Mère, je te connais enfin, et je t'aime, comme tu mérites d'être aimée. Tu es la Douleur.

*
* *

Approche-toi. Remplis de ta clarté ce champ où je veille, réchauffe ces ténèbres glacées. Découvre pour mieux m'exalter tes blessures, tes membres épuisés, ton visage souillé. Tes mains laissent échapper le glaive; ta couronne est brisée ; le poing des barbares a outragé ta grave et sereine beauté.

Oui, je te vois, qui chemines à travers l'horizon dévasté. Comme tu souffres, ô mère sanglante ! Ta chair est percée; l'incendie des villes éclaire ta face déchirée.

*
* *

Tu tends tes mains vers nous et tes lèvres nous supplient : « Mes fils, mes fils... »

Viens, rassure-toi. Mes frères et moi nous sommes là et t'attendions.

*
* *

Ta voix nous supplie : « Me connaissez-vous encore et m'aimez-vous ? Je n'ai plus rien à vous offrir. Mes trésors sont pillés, mon héritage dispersé ; je ne puis vous donner ni la paix chère au peuple, ni la richesse qui rend la vie facile, ni la gloire si douce au cœur des jeunes hommes.

Je suis la Pauvreté, la Solitude et la Mort. »

**

Tais-toi, tais-toi. N'entends-tu pas le cri qui monte de la poitrine gonflée de tes enfants ? Prends-les, brise-les, immole-les. Regarde leurs larmes d'amour. Accepte le don frémissant de leur vie.

Répète, ô mère, ta lamentation pour mieux nous remplir de joie. Sois faible ; sois vaincue ; défaille sur le sol dévasté ; fuis devant les barbares. Nous t'aimons, nous t'aimons.

**

Oui, jamais je ne t'ai connue comme je te connais ce soir. Je m'agenouille devant toi. Piétine mon corps, il est à toi ; prends ma demeure, envoie à la mort ceux que j'aime ; que jamais je ne revienne vers le doux foyer ; que jamais plus des bras bien-aimés n'entourent mon corps et ne bercent mon sommeil. Tu es ma demeure, ma caresse, le foyer brûlant d'où je viens et où je retourne. Plus je souffrirai pour toi, et plus je t'aimerai...

*
* *

Relevez les sentinelles. Debout, la patrouille.
Faites charger les armes...

*
* *

..... J'ai marché dans l'ombre ; j'ai fouillé le bois ;
j'ai interrogé les ténèbres. L'ennemi debout dans
sa tranchée a tiré sur moi. La mort embusquée
nous guettait à chaque pas. Maintenant ma tâche
est accomplie, et je reviens vers toi.

*
* *

Contemple ceux qui m'accompagnent. Ils ont
frémi dans leur chair misérable devant le péril
obscur et qui rôde. Mais pas un n'a cédé. Ils se
sont arrachés hier à leur sol tout chargé de mois-
sons, à l'usine qui travaille, à la vie facile et pros-
père de leur village ou de leur cité. Ils regrettent,
ils se souviennent. Mais tous sont debout, pressés
autour de toi. Et dans leur cœur naïf et qui ne
raisonne pas habite la même volonté implacable de
combattre pour toi, et s'il le faut, de mourir.

Interroge-les : « Paysan, veux-tu retourner à ton
labour ? Et toi, ouvrier, veux-tu connaître de nouveau la joyeuse activité du labeur et le fécond
salaire ? »

Et tous te répondent :

« Oui, nous le voulons. Mais après que tu auras été délivrée et vengée. »

* *

Tout le jour ils ont marché, pesamment chargés ; leurs camarades sont tombés. Ils se sont couchés sous la mitraille, puis relevés pour l'assaut. Épuisés, mais jamais arrêtés, ils n'ont connu ni trève, ni repos.

Ce soir pas un ne gémit, pas un ne songe à fuir.

* *

Pas un cri contre toi, — pas un reproche.

C'est nous, tes fils, qui implorons ton pardon. Nous avons dormi dans la paix. Nous avons oublié la tâche où tu nous conviais. Nous n'avons pas entendu la menace qui de toutes parts grondait contre toi, et couchés parmi tes molles frontières, nous chassions loin de nos oreilles le bruit importun des barbares qui approchaient.

* *

Tout était si facile, — le présent si joyeux ! Pourquoi nous troubler et veiller ? Il n'y avait pas de haine dans nos cœurs, peut-être parce que nous redoutions la haine des autres. Nous absorbions nos yeux ravis dans la contemplation de ta grâce inépuisable, et nous ne voulions pas voir la convoitise, qui, tapie dans les brumes, guettait ton sol et tes trésors.

*
* *

Dans l'hiver bruissant du bruit de nos fêtes, comme dans l'été vermeil, nous suivions notre sort frivole et capricieux.

Ardents aux disputes, entourant les rhéteurs, emportés par nos plaisirs, nous oubliions la loi impitoyable qui bâtit sur le sacrifice et sur l'effort le destin d'un peuple. Et nous ne connaissions du combat que les querelles stériles et la haine fratricide qui divisait tes enfants les uns contre les autres.

*
* *

Contemplant ton étendue, quoi, nous disions-nous, tant de richesses pourront-elles jamais s'épuiser ! Héritiers prodigues, nous gaspillions parmi l'univers tes trésors amassés, ta science, ton génie noble et délicat. Tes fils étaient rares parmi les foyers désertés. Qu'importe, disions-nous ? Et aspirant l'air léger de tes plaines, nous nous bousculions en riant vers quelque folie nouvelle.

* *
*

Les bateleurs aux champs de foire, les étrangers dans nos cités, les gloires suspectes, nous les avons écoutés, entourés, applaudis. Et les plus sages haussant leurs épaules rentraient dans leurs demeures, dédaignant l'agitation insensée d'un peuple dont ils accusaient la démence sans en chercher le remède.

* *
*

Pardonne-nous. Soudain dans le ciel paisible l'heure a sonné. Et te voici, ô ma patrie, qui erres en cette nuit de bataille et qui, assise au sommet de la colline, regardes en pleurant tes armées qui se retirent, l'ennemi qui avance et tes cités qui brûlent.

* *
*

Puis tournant vers nous tes yeux rassasiés de détresse, tu nous interroges avec anxiété! « Dormez-vous encore? Entendez-vous mon cri d'angoisse? Mes fils, ne faiblirez-vous pas sous la tâche écrasante? Vos épaules sont-elles encore assez fermes et vos cœurs assez assurés? Mes enfants, pourrez-vous sauver votre mère qui va mourir? »

*
* *

Oui, rassure-toi. Notre âme n'était pas morte. Ta flamme n'était pas éteinte. Nous avons trompé l'univers, parce que nous ne nous connaissions pas nous-mêmes.

Mais ton appel, nous l'avons entendu. A ton cri, tous nous avons répondu. Et, unis enfin dans le péril, nous nous sommes dressés devant toi.

*
* *

Comme dans un banquet de vie, nous nous nourrissons de ta sainte douleur. Nous étions tristes, nous étions inquiets. La paix anxieuse et monotone, l'agitation vide des jours ne suffisaient plus à nos cœurs affamés.

Voici notre sang qui ruisselle, voici la Mort qui fauche, voici l'heure du sacrifice.

Et nous nous réjouissons, mère bien-aimée, puisque c'est pour toi que nous devons souffrir.

*
* *

Prends, prends sans compter. Entasse nos corps, remplis les tranchées et les sillons de blessés et d'agonisants. Comble avec nos cadavres le gouffre soudain creusé et devant lequel tes pas hésitent.

Nous t'invoquons, nous te bénissons, en chantant nous mourons pour toi.

*
* *

Ton visage austère, tes mains insatiables, tes pieds devant lesquels défaillent tant de jeunes vies, nous les adorons. Tu nous apportes la faim, la soif, l'anxiété, le fer qui déchire nos entrailles, le feu qui brûle nos visages. Chaque jour tu exiges un plus lourd tribut ; chaque jour il te faut des bataillons plus épais, de nouvelles poitrines et de nouveaux corps, à peine debout et déjà déchiquetés.

*
* *

Prends, prends encore. Un cri éperdu d'amour s'échappe des bouches expirantes. Pas de bruits, pas de chants, pas de fanfares, rien autour de toi, que l'adoration de tes fils qui meurent, et la volonté implacable des vivants.

*
* *

Jusqu'au dernier souffle de nos vies, jusqu'au dernier enfant de nos mères, jusqu'à la dernière pierre de nos demeures, tout est à toi.

Ne te hâte pas. Choisis ton heure, pour mieux frapper. Ne songe pas à nos souffrances, ne songe qu'à la victoire. S'il te faut des mois, nous lutterons des mois ; s'il te faut des années, les enfants d'aujourd'hui seront les soldats de demain.

*
* *

Mère bien-aimée, déjà peut-être mon heure dernière se hâte vers moi.

Dans un instant je ne pourrai plus répéter les paroles que tu m'arraches à moi-même. Accepte le don que je te fais de ma force, de mes espoirs, de mes joies et de mes tristesses, de tout mon être que transporte ta sainte violence.

Pardonne à tes enfants leurs erreurs de jadis. Dresse-les dans ta gloire ; endors-les dans ton drapeau. Lève-toi renouvelée et victorieuse sur leurs tombes.

Sois sauvée par notre holocauste, Patrie, Patrie !

LETTRES D'OFFICIERS
ET DE CHASSEURS DU 68ᵉ BATAILLON
ADRESSÉES A Mᵐᵉ ROBERT DUBARLE

Lettre du commandant Dupont.

Madame,

Je m'empresse de vous adresser au nom de tout le 68ᵉ bataillon nos respectueuses et sincères condoléances.

Votre mari de l'aveu de tous était un vivant exemple de courage. Sa disparition est une perte irréparable. Tous, officiers et chasseurs, le pleurent encore.

Le 15 juin vers 3 heures du matin nous sommes venus occuper des tranchées et nous devions dans la soirée attaquer des tranchées ennemies. Votre mari, le capitaine Bertin, le lieutenant Sabattier, le lieutenant Renaud et moi avons attendu toute la journée dans un petit poste de commandement l'heure de l'attaque sous un bombardement violent qui nous a coûté la vie de quelques chasseurs et du lieutenant Renaud tué à son poste de combat. Votre mari est resté calme, plein d'entrain, allant et venant au milieu de ses chasseurs pour les encourager.

A l'heure dite une de mes compagnies se lance à l'assaut. Son capitaine (Leblanc) est blessé. L'assaut n'avait pas complètement réussi. Vers 6 heures du soir l'ordre de réattaquer nous arrive. « Chasseurs, en avant », crie le capitaine

Dubarle et nos chasseurs se portent en avant. Votre mari a reçu une balle en plein cœur. Il est mort subitement comme un éclair. Notre ligne avait un peu progressé. Nous avions pris une mitrailleuse. Le bataillon a gardé toutes les positions conquises, mais le soir en parcourant les tranchées, tous les officiers qui restaient (ils ne sont pas nombreux), tous les chasseurs pleuraient.

Nous le pleurons et nous le pleurerons toujours. C'était pour moi un ami précieux et pour le bataillon un véritable chef aimé, estimé et adoré.

Votre mari est mort en héros et en criant : « Pour la France, en avant ! »

Lettre du lieutenant E. Sabattier.

`..... Quel bel officier, si courageux et si patriote, quelle belle intelligence, quel cœur ! Je ne pourrai jamais vous dire assez combien il était apprécié de nous tous et de tous ceux qui l'approchaient. Nos chefs, nos grands chefs avaient une grande confiance en lui. Enfin il était l'âme de notre bataillon.

Quand nous étions découragés il était là qui nous remontait le moral. Quelle perte pour nous que sa mort !

..... Le jour de la bataille (15 juin) nous avons pris position dans la tranchée à 3 heures du matin. Nous avons passé une partie de la journée ensemble dans un petit abri très étroit où nous échangions quelques paroles couvertes à chaque instant par le fracas d'un obus. La journée a été bien longue et pénible. Avant l'attaque, la compagnie de votre mari avait déjà perdu trois chefs de section et plusieurs hommes par suite du bombardement.

A 16 heures 30 la 9ᵉ compagnie commence à sortir, mais les tranchées ennemies n'ayant pas été démolies par l'artillerie, les premiers hommes qui se montrent sont accueillis par un violent feu d'infanterie. Ordre est donné de rentrer dans les tranchées et de réattaquer après un nouveau tir de notre artillerie. Le tir de l'ennemi reprend et le nôtre est aussi inefficace que le premier. A 18 heures, l'ordre d'attaquer est de nouveau arrivé.

L'ordre est impérieux. Il faut l'exécuter malgré l'impossibilité de réussite de l'affaire. Je me trouvais avec mon pauvre ami à ce moment. Il savait ce qui l'attendait mais résolument il m'a dit : « Mon vieux Sabattier, il faut y aller, au revoir ». Je lui ai souhaité bonne chance et il a disparu parmi ses chasseurs. Il s'est mis à leur tête. Je l'ai entendu crier : « A moi les chasseurs de la 8ᵉ compagnie. En avant, c'est pour la France ! » Il a sauté le parapet et à vingt mètres en avant de nos lignes, il a été touché par une balle en plein cœur.....

Lettre du capitaine A. Berlin.

..... Jamais ne sortira de ma mémoire le souvenir de mon pauvre camarade. C'était une âme d'élite comme on en voit peu : les plus hautes qualités de cœur voisinaient chez lui avec les plus beaux dons de l'intelligence. C'était un être supérieur pour lequel j'avais une affection profonde et sincère. Combien de fois ne nous a-t-il pas soutenus dans les moments pénibles par son entrain, son esprit, son courage, sa haute conception du devoir.....

La compagnie a appris sa disparition avec stupeur et de tous les bataillons voisins ceux qui l'ont connu en sont restés atterrés. Il est mort en héros, chargeant en tête de sa compagnie dans des conditions difficiles qu'il connaissait ; il n'a pas hésité, car il savait qu'il était l'exemple. Il est tombé sans souffrance, d'une balle au cœur. Quelle mort sublime et quel exemple pour ceux à qui incombe la tâche de le venger !

Dubarle restera notre exemple et jamais nos cœurs n'oublieront celui que nous pleurons chaque jour.

Lettre du Docteur Guillaume.

..... Sa figure n'a pas été atteinte, ses traits n'étaient pas altérés et conservaient l'expression du plus grand calme. Il était étendu à côté du lieutenant Renaud mort quelques instants avant lui et à la vue de ces deux héros il était impossible de contenir ses larmes.

Ses chasseurs qui l'admiraient et l'aimaient manifestaient l'émotion la plus sincère et la plus profonde. Nous avons perdu en lui le meilleur des officiers et le meilleur des camarades.

On avait confiance en lui parce que ses brillantes facultés étaient à la hauteur de toutes les situations et connaissant sa valeur notre commandant l'avait désigné pour prendre éventuellement le commandement du bataillon. On le savait calme, plein de sang-froid et d'une bravoure exemplaire, et ceux qui au cours de cette longue guerre avaient eu l'honneur de vivre à ses côtés ne lui ménageaient ni leur estime ni leur affection.

Dans nos fréquentes réunions qu'il animait de sa conversation toujours gaie et toujours intéressante, il aimait à aborder les grandes questions politiques et sociales et la clarté de sa pensée jointe à la sincérité de ses sentiments désarmait rapidement ses contradicteurs.

Aux moments difficiles, on le recherchait et on retrouvait à son contact une entière confiance ; aussi le vide qu'il laisse dans nos rangs ne se comblera pas et son souvenir restera gravé dans nos cœurs.

Lettre du sous-lieutenant J.-B. Thomas.

..... La nouvelle de sa mort causa au bataillon une peine immense. Les chasseurs de la 8e qui l'avaient connu et apprécié, eux qu'il appelait souvent « mes petits », disaient tous : « Nous avons perdu notre père ! » et quelques jours plus tard, le 20 juin environ, lorsque le commandant rassembla la 8ᵉ pour lui présenter son nouveau chef, le lieutenant Sicurani[1], au moment où il évoqua la mémoire du capitaine Dubarle, sur les visages de ces rudes gaillards aguerris par onze mois d'une campagne terrible, on lisait une expression de regret, preuve de l'indestructible attachement qu'ils avaient pour lui, et sur certains on voyait glisser de discrètes larmes qu'ils s'efforçaient de retenir.

A la 9ᵉ compagnie le souvenir du capitaine était resté et sa mort y provoque comme chez nous la même douleur. Là aussi on l'avait connu et aimé.

Le 17 avril au Schnepfenrieth, ce que fit le capitaine Dubarle fut magnifique. Son attitude sous la mitraille nous enflamma tous et malgré les difficultés du terrain que recouvrait une épaisse couche de neige la 8ᵉ chargea magnifiquement Je me le rappelle toujours nous disant : « Allons, mes enfants, c'est pour la France ». Qui d'entre nous eut songé à fléchir avec un homme pareil à notre tête !

Lettre du chasseur Emile Espiard.

Je viens par quelques mots vous exprimer mes regrets les plus profonds.

En arrivant à la 8ᵉ Compagnie, le 6 mars 1915, comme blessé et père de famille, je trouve mon capitaine très simple, car il nous appelait « chers petits » et il nous dit : « Si vous avez des camarades mettez-vous ensemble ». Alors nous étions deux camarades blessés au même combat dans la Somme, le 31 octobre 1914 ; surtout, Madame, nous étions du

---

1. Pascal Sicurani, capitaine à la 8ᵉ compagnie du 68ᵉ bataillon de chasseurs alpins, tué à l'Hartmannsweillerkopf, le 22 décembre 1915.

même pays. Voilà où j'ai commencé à apprécier sa valeur de brave officier.

Je peux vous dire, Madame, que je fais ma lettre à mon poste et cela me rappelle mon capitaine qui était votre cher mari. Lorsqu'il passait il me disait : « Tu écris à ta petite femme ». Je répondais : « Oui ». Mon capitaine avait toujours le sourire. Madame, croyez-moi, nous tous de la 8° compagnie l'avons regretté comme un père de famille et si j'ai le bonheur de revenir de la guerre je parlerai souvent de lui et je dirai que l'armée et la France ont perdu un de leurs meilleurs serviteurs. Mais aussi, sans nul doute, il aura sa grande place au Paradis.

Tous nous le pensions et souvent même nous le disions : notre capitaine est trop courageux et trop hardi, et nous pleurerons sa perte.

Nous nous inclinons devant la volonté de Dieu et prenons une large part à votre affliction.

Lettre du chasseur Antoine Bernier.

..... Je vous exprime mes sentiments de condoléances et de regret perpétuel pour la perte cruelle de notre cher capitaine. En le perdant nous avons perdu notre père de famille. Il était bon pour nous, il n'avait pour nous que des paroles de douceur et d'encouragement et ce n'est pas seulement à sa compagnie que le capitaine fait faute, mais à la France entière.

Jamais nous ne pourrons le remplacer. Je garderai un profond souvenir du capitaine Dubarle le restant de mes jours.

Nous devons prier pour lui, car il s'est sacrifié pour sa compagnie et a ainsi économisé la vie de nombreux pères de familles.

Que Dieu le reçoive...

CITATIONS

Citation à l'ordre du 34° Corps d'armée. — 1ʳᵉ *citation*.

Est cité à l'ordre du Corps d'armée. — Ordre 32 du 19 novembre 1914 :

« Le lieutenant de réserve Dubarle du 68ᵉ bataillon de chasseurs : a fait preuve de beaucoup d'énergie, de sang-froid et d'initiative dans les engagements des 19, 23, 25 octobre et 10 novembre. A été notamment pour ses hommes un vivant exemple de courage et d'impassibilité sous le feu. »

Citation à l'ordre de la Division. — 2ᵉ *citation*.

Est cité à l'ordre de la Division. — Ordre du 7 février 1915 :
« La compagnie Dubarle du 68ᵉ bataillon de chasseurs en travaillant nuit et jour a réussi à créer en quarante-huit heures à proximité immédiate de l'ennemi une organisation défensive remarquable.

« Le général est heureux de lui renouveler par la voie de l'ordre les félicitations qu'il lui a déjà adressées sur le terrain. »

Légion d'honneur. — 3° *citation*.

Est inscrit aux tableaux de la Légion d'honneur pour Chevalier : M. Dubarle (L. D. J. P. R.), capitaine commandant la 8° compagnie du 68ᵉ bataillon de chasseurs alpins :
« Depuis le début de la campagne s'est toujours montré un chef énergique et avisé. A la prise d'une position ennemie

très escarpée et couverte de neige, s'est particulièrement distingué en entraînant sa compagnie à l'assaut. A été d'un secours précieux pour le commandant du bataillon en prenant le commandement de plusieurs fractions dont les chefs avaient été tués ou blessés et a ainsi contribué à la réussite de l'assaut et de la poursuite. »

Pour prendre rang du 3 mai 1915.

Citation à l'ordre du Bataillon. — *4° citation.*

Est cité à l'ordre du Bataillon. — Ordre du 3 juin 1915 :

« Le capitaine Dubarle Robert commandant la 8° compagnie : le 27 mai a été blessé légèrement par un éclat d'obus en soutenant l'attaque d'une position ennemie. »

Citation à l'ordre de l'Armée. — *5° citation.*

Est cité à l'ordre de l'Armée. — Ordre du 10 juillet 1915 :

« Dubarle (Robert) capitaine au 68° bataillon de chasseurs : officier aussi valeureux que téméraire, déjà décoré sur le champ de bataille pour sa brillante conduite ; est mort en faisant le geste du chef dont il avait toute la grandeur d'âme, entraînant avec un absolu mépris du danger sa compagnie à l'assaut d'une position ennemie fortement défendue, au cri de : « En avant, pour la France ! »

Camp Dubarle. — *Décision du 9 juillet 1915.*

« Le nom de Camp Dubarle est donné au camp de la cote 700.

« Le capitaine Dubarle, du 68° bataillon de chasseurs alpins, a particulièrement contribué à la conquête du terrain du massif du Schnepfenried.

« A été frappé en sortant des tranchées de la cote 955 au moment où il entraînait ses chasseurs au cri de : Vive la France ! »

« A été un modèle d'énergie et de force morale. »

TABLE DES MATIÈRES

ÉVREUX, IMPRIMERIE CH. HÉRISSEY